许地山自述

许地山　著

泰山出版社 · 济南 ·

图书在版编目（CIP）数据

许地山自述 / 许地山著. -- 济南：泰山出版社，2022.12

ISBN 978-7-5519-0731-6

Ⅰ. ①许…　Ⅱ. ①许…　Ⅲ. ①许地山（1893—1941）- 自传　Ⅳ. ① K825.6

中国版本图书馆CIP数据核字（2022）第167787号

XUDISHAN ZISHU

许地山自述

责任编辑 程　强　王凌云
装帧设计 路渊源

出版发行 泰山出版社
社　址　济南市泺源大街2号　邮编　250014
电　话　综　合　部（0531）82023579　82022566
出版业务部（0531）82025510　82020455
网　址　www.tscbs.com
电子信箱　tscbs@sohu.com
印　刷 山东新华印务有限公司
成品尺寸 150 mm × 230 mm　16开
印　张 12.5
字　数 155千字
版　次 2022年12月第1版
印　次 2022年12月第1次印刷
标准书号 ISBN 978-7-5519-0731-6
定　价 39.00元

凡　例

一、本书收录了作者的相关经典文章或片段，主要展现了作者的学术历程或情感操守等。

二、将所选文章改为简体横排，以适应当代的阅读习惯。所选文章尽量依照原作，以保持文章的时代原貌，有些地方参照当下最新的整理成果进行了适当修改。

三、所选文章没有标题或者标题重复的，编辑时另行拟加或改拟。个别文章为相近内容之汇辑，另拟新题。

四、对有些当时使用的文字，如“的”“地”“得”“化钱”“记帐”等，均一仍其旧。

目录

无法投递之邮件

弁言

有话说不出是苦；说出来没有人听，更苦。有信不能投递是不幸；递而递不到，更不幸。这样的苦与不幸，稍有人间经验底人没有一个不尝过。

一个惯在巴黎歌剧场鉴赏歌舞底人到北京底茶园去听昆曲，也许会捧腹大笑，说“这是什么音乐？”这样的人，我们可以说他不懂昆曲。一只百灵在笼里嘤鸣，养它底主人虽然听不懂它底意思，却也能羡赏它底声音，或误会它，以为它向着自己献媚。一只蜩蝉藏在阴森的丛叶底下，不断地长鸣，也是为求它底伴侣，可是有时把声音叫嘶了，还是求不着。在笼里底鸟不能因为自己不自由，或被人误会而不唱。在叶底底蝉不能因求伴不得而不叫唤。说话与写信也是如此。听不懂，看不懂，未必不能再说，再写。若至辞不达意，而读者能够理会，就更可以写；辞能达意，明知读者要误会，亦不能不写。写在我，读在人，理会与误会，我可以不管。投在我，递在人，有法投递与无法投递，我也可以不管。只要写了，投了，我心就安慰而满足了。只要我底情意表示出来，虽递不到，我也算它递到了。

十六年十一月落华生自叙于面壁墙

给诵幼

不能投递之情形——地址不明，退发信人写明再递。

诵幼，我许久没见你了。我近来患失眠症。梦魂呢，又常困在躯壳里，飞不到你身边，心急得狠。但世间事本无容人着急底余地，越着急越不能到，我只得听其自然罢了。你总不来我这里，也许你怪我那天藏起来，没有出来帮你忙底缘故。呀，诵幼，若你因那事怪了我，可就冤枉极了！我在那时，全身已泡在烦恼的海中，自救尚且不暇，何能顾你？今天接定慧底信，说你已经被释放了，我实在欢喜得狠！诵幼，此后须要小心和男子相往来。你们女子常说“男子坏的狠多”，这话诚然不错。但我以为男子底坏，并非他生来就是如此的，是跟女子学来底。诵幼，我说这话，请你不要怪我。你底事且不提，我拿文锦底事来说罢。他对于尚素本来是狠诚实的，但尚素要将她和文锦底交情变为更亲密的交情，故不得不胡乱献些殷勤。呀，女人的殷勤，就是使男子变坏的砒石哟！我并不是说女子对于男子要狠森严，冷酷，像怀霄待人一样，不过说没有智慧的殷勤是危险的罢了。

我盼望你今后的景况像湖心底白鹄一样。

给贞蕤

不能投递之情形——此人已离广州。

自走马营一别，至今未得你底消息。知道你底生活和行脚僧一样，所以没有破旅愁底书信给你念。昨天从天杭处听见你底近况，且知道你现在住在这里，不由得我不写这几句话给你。

我底朋友，你想北极底冰洋上能够长出花菖蒲，或开得像亚马逊河边底王莲来么？我劝你就回家去罢。放着你清凉而恬淡的生活不享，飘零着找那不知心的知心人，为何自找这等刑罚？纵说是你当时得罪了他，要找着他向他谢罪，可是罪过你已认了，那温润不挠、如玉一般的情好岂能弥补得毫无瑕璺？

我底朋友，我常想着我曾用过一管笔，有一天无意中把笔尖误烧了（因为我要学篆书，听人说烧了尖好写），就不能再用它。但我狠爱那笔，用尽许多法子，也补救不来；就是拿去找笔匠，也不能出什么主意，只是教我再换过一管罢了。我对于那天天接触底小宝贝，虽舍不得扔掉，也不能不把它藏在笔囊里。人情虽不能像这样换法，然而，我们若在不能换之中，姑且当做能换，也就安慰多了。你有心牺牲你底命运，他却无意成就你底愿望，你又何必？我劝你早一点回去罢，看你年少的容貌快要从镜中逃走，在你背后底黑影快要闯入你底身里，把你青春一切活泼的风度赶走，把你光艳的躯壳夺去了。

我再三叮咛你，不知心的知心人，纵然找着了，只是加增懊恼，毫无用处底。

答劳云

不能投递之情形——劳云已投金光明寺，在岭上，不能递。

中夜起来，月还在座，渴鼠蹑上桌子偷我笔洗里底墨水喝，我一下床它就吓跑了。它惊醒我，我吓跑它，也是公道的事情。到窗边坐下，且不点灯，回想去年此夜，我们正在了因底园里共谈，你说我们在万本芭蕉底下直像草根底下斗鸣底小虫。唉，今夜那园里底小虫必还在草根底下叫着，然而我们呢？本要独自出去一走，争奈院里鬼影历乱，又没有侣伴，只得作罢了。睡不着，偏想茶喝，到后房去，见我底小丫头被慵睡锁得狠牢固，不好解放她，喝茶底念头，也得作罢了。回到窗边坐下，摩摩窗棂，无意摩着你前月的信，就仗着月灯再念了一遍。可幸你底字比我写得还要粗大，念时，尚不费劲。在这时候，只好给你写这封回信。

劳云，我对了因所说，那得天下荒山，重叠围合，做个大监牢——野兽当逻卒，烟云拟桎梏，古树作栅栏，茑萝为索链，——闲散地囚尽你这流动人愁怀底诗犯？不想你真要自首去了！去也好，但我只怕你一去到，那里便成诗境，不是诗牢了。

你问我为什么叫你做诗犯，我自己也不知其所以然。我觉得你底诗虽然狠好，可是你心里所有底和手里写出来底总不能适合，不如把笔摔掉，到那只许你心儿领会底诗牢去更妙。遍世间尽是诗境，所以诗人易做。诗人无论遇着什么，总不肯默着，非发出些愁苦的诗不可，真是难解。譬如今夜夜色，若你在时，必要把院里所有的调戏一番，非教他们都哭了，你不甘心。这便是你底过犯。所以我要叫你做诗犯，狠盼望你做个诗犯。

一手按着手电灯，一手写字，狠容易乏，不写了。今夜起来，本不是为给你写回信，然而在不知不觉中，就误了我半小时，不能和我那个“月”默谈。这又是你的罪过！

院里的虫声直如鬼哭，听得我毛发尽竦。还是埋头枕底，让那只小鼠畅饮一场罢。

给小峦

不能投递之情形——此人已入疯人院。

绿绮湖边底夜谈，是我们所不能忘掉底。但是，小峦，我要告诉你，迷生决不能和我一样，常常惦念着你，因为他底心多用在那恋爱底遗骸上头。你不是教我探究他底意思吗？我昨天一早到他那里去，在一件事情上，使我理会他还是一个爱底坟墓底守护者。若是你愿意听这段故事，我就可以告诉你。

我一进门时，他垂着头好像狠悲伤的样子，便问："迷生，你又想什么来？"他叹了一声才说："她织给我底领带已经坏了！我身边再也没有她底遗物了！人丢了，她底东西也要陆续地跟着她走，真是难解。"我说："是的，太阳也有破坏底日子，何况一件小小东西，你不许他坏，成么？"

"为什么不成！若是我不用它，就可以保全它。然而我怎能不用？我一用她给我留下底器物，就借那些东西要和她交通，且要得着无量安慰。"他低垂的视线牵着手里底旧领带，接着说："唉，现在她底手泽都完了！"

小峦，你想他这样还能把你惦记在心里么？你太轻于自信了。我不是使你失望，我狠了解他，也了解你，你们固然是亲戚，但我要提醒你，除疏淡的友谊外，不要多走一步。因为，凡最终的地方，都是在对岸那狠高，狠远，狠暗，且不能用平常舟车达到底。你和迷生的事，据我现在底观察，纵使蜘蛛底丝能够织成帆，蜣螂底甲能够装成船，也不能渡你过第一步要过底心意底濆洋。你不要再发痴了，还是回向莲台，拜你那低头不语底偶像好。你常说我给麻醉剂你服，不错的！若是我给一毫一厘的兴奋剂你服，恐怕你要起不来了。

给爽君夫妇

不能投递之情形——爽君逃了，不知去向。

你底问题，实在是时代问题，我不是先知，也不能说出其中底秘奥。但我可以把几位朋友所说底话介绍给你知道，你定然是狠乐意地念一念。

我有一位朋友说："要双方发生误解，才有爱情。"他底意思以为相互的误解是爱情底基础。若有一方面了解，一方面误解，爱也无从悬挂底。若两方面都互相了解，只能发生更好的友谊罢了。爱情底发生，因为我不知道你是怎么一回事，你也不知道我是怎么一回事才有底。多会彼此都知道得狠透澈，那时便是爱情底老死期到了。

又有一位朋友说："爱情是彼此底帮助：凡事不顾自己，只顾人。"这句话，据我看来，未免广泛一点。我想你也知道其中不尽然的地方。

又有一位朋友说："能够把自己的人格忘了，去求两方更高的共同人格，便是爱情。"他以为爱情是无我相底，有"我"底执着不能爱，所以要把人格丢掉；然而人格在人间生活底期间内是不能抛弃底，为这缘故，就不能不再找一个比自已人格更高尚的东西。他说这要找底便是共同人格。两方因为再找一个共同人格，在某一点上相遇了，便连合起来，成为爱情。

此外有许多陈腐而狠新鲜的论调我也不多说了。总之，爱情是非常神秘，而且是一个人一样底。近时的作家每要夸炫说：“我是不写爱情小说，不做爱情诗底。”介绍一个作家，也要说：“他是不写爱情的文艺底。”我想这就是我们不能了解爱情本体底原因。爱情就是生活，若是一个作家不会描写，或不敢描写，他便不配写其余的文艺。

我自信我是有情人，虽不能知道爱情底神秘，却愿多多地描写爱情生活。我立愿尽此生，能写一篇爱情生活，便写一篇；能写十篇，便写十篇；能写百，千，亿，万篇，便写百，千，亿，万篇。立这悲愿，为底是安慰一般互相误解，不明白的人。你能不骂我是爱情牢狱底广告人么?

这信写来答复爽君。亦雄也可同念。

覆诵幼

不能投递之情形——该处并无此人。

“是神造宇宙，造人间，造人，造爱；还是爱造人，造人间，造宇宙，造神”？这实与“是男生女，是女生男”底旧谜一般难决。我总想着人能造底少，而能破底多。同时，这一方面是造，那一方面便是破。世间本没有“无限”。你破璞来造你底玉簪，破贝来造你底珠珥，破木为梁，破石为墙，破蚕，棉，麻，麦，牛，羊，鱼，鳖底生命来造你底日用饮食，乃至破五金来造货币，枪弹，以残害同类，异种的生命。这都是破造双成底。要生活就得破。就是你现在的“室家之乐”也从破得来。你破人家亲子之爱来造成你底配偶，又何尝不是破？破是不坏的，不过现代的人还找不出破坏量少而建造量多底一个好方法罢了。

你问我和她底情谊破了不，我要诚实地回答你说：诚然，我们底情谊已经碎为流尘，再也不能复原了。但在清夜中，旧谊底鬼灵曾一度蹑到我记忆底仓库里，悄悄把我伐情的斧——怨恨——拿走。我揭开被褥起来，待要追他，他已乘着我眼中底毛轮飞去了。这不易寻觅的鬼灵只留它底踪迹在我书架上。原来那是伊人底文件！我伸伸腰，揉着眼，取下来念了又念，伊人底冷面复次显现了。旧的情谊又从字里行间复活起来。相怨后底复和，总解不通从前是怎么一回事，也诉不出其中的甘苦。心面上底青紫惟有用泪洗濯而已。有涩泪可流底人还算不得是悲哀者。所以我还能把壁上底琵琶抱下来弹弹，一破清夜底岑寂。你想我对着这归来的旧好必要弹些高兴的调子。可是我那夜弹来弹去只是一阕《长相忆》，总弹不出《好事近》！奈何，奈何？我理会从记忆底坟里复现底旧谊，多年总有些分别。但玉在她底信里附着几句短词嘲我说：

噫，说到相怨总是表面事，
心里的好人儿仍是旧相识。
是爱是憎本不容你做主，
你到底是个爱恋底奴隶！

她嘲我底未免太过。然而那夜底境遇实是我破从前一切情愫所建造底。此后，纵然表面上极淡的交谊也没有，而我们心底理会仍可以来去自如。

你说爱是神所造，劝我不要拒绝，我本没有拒绝，然而憎也是神所造，我又怎能不承纳呢？我心本如香水海，只任轻浮的慈惠船载着喜爱底花果在上面游荡。至于满载痴石，嗔火底簰筏，终要因她底危险和沉重而消没净尽，焚毁净尽。爱憎既不由我自主，那破造更无消说了。因破而造，因造而破，缘因更迭，你那能说这是好，那是坏？至于我底心迹连我自己也不知道，你又怎能名其奥妙？人到无求，心自清宁，那时，既无所造作，亦无所破坏。我只觉我心还有多少欲念除不掉，自当勇敢地破灭它至于无余。

你，女人，不要和我讲哲学，我不懂哲学。我劝你也不要希望你脑中有百“论”，千“说”，亿万“主义”，那由他“派别”，辩来论去，逃不出鸡子方圆底争执。纵使你能证出鸡子是方的，又将如何？你还是给我讲音乐好。近来造了一阕《暖云烘寒月》琵琶谱，顺抄一份寄给你。这也是破了许多工夫造得来底。

覆真龄

不能投递之情形——真龄去国，未留住址。

自与那人相怨后，更觉此生不乐。不过旧时的爱好如洁白的寒鹭，三两时间飞来歇在我心中泥泞的枯塘之岸，有时漫涉到将干未干的水中央，还能使那寂静的平面随着她底步履起些微波。

唉，爱姊姊和病弟弟总是孪生的呵！我已经百夜没睡了。我常说，我底爱如香冽的酒，已经被人喝尽了，我哀伤的金罍里只剩些残冰底融液，既不能醉人，又足以冻我齿牙。你试想，一个百夜不眠底人，若渴到极地，就禁得冷饮么？

“为爱恋丽去底人终要循着心境底爱迹归来”，我老是这样地颠倒梦想。但两人之中，谁是为爱恋先走开底？我说那人，那人说我。谁也不肯循着谁底爱迹归来。这委是一件胡卢事！玉为这事也和你一样写信来呵责我。她真和她眼中底瞳子一样，不用镜子就照不着自己。所以我给她寄一面小镜去。她说“女人总是要人爱底”，难道男子就不是要人爱底？她当初和球一自相怨后，也是一样蒙起各人底面具，相逢直如不相识。他们两个复和，还是我底工夫，我且写给你看。

那天，我知道球要到帝室之林去赏秋叶，就怂恿她与我同去。我远地看见球从溪边走来，借故撇开她，留她在一棵枫树底下坐着，自己藏在一边静观。人在落叶上走是秘不得底。球底足音，谅她听得着。球走近树边二丈相离底地方也就不往前进了。他也在一根横卧底树根上坐下，拾起枯枝只顾挥拨地上底败叶。她偷偷地看球，不做声，也不到那边去。球底双眼有时也从假意低着底头斜斜地望她。他一望，玉又假做看别的了。谁也不愿意表明谁看着谁来。你知道这是很平常的事。由爱至怨，由怨至于假不相识，由假不相识也许能回到原来的有情境地。我见如此，故意走回来，向她说：“球在那边哪！”她回答：“看见了。”你想这话若多两个字“钦此”，岂不成这娘娘底懿旨？我又大声嚷球。他底回答也是一样地庄严，几乎带上“钦此”二字。我跑去把球揪来，对他们说：“你们彼此相对道道歉，如何？”到底是男子容易劝。球到她跟前说：“我也不知道怎样得罪你。他迫着我向你道歉，我就向你道歉罢。”她望着球，心里愉悦之情早破了她底双颊冲出来。她说：“人为什么不能自主到这步田地？连道个歉也要朋友迫着来。”好了，他们重新说起话来了！

她是要男子爱底，所以我能给她办这事。我是要女人爱底，故毋需去瞅睬那人。我在情谊底道上非常诚实，也没有变动，是那人先离开底。谁离开，谁得循着自己心境底爱迹归来。我那能长出千万翅膀飞入苍茫里去找她？再者，他们是醉于爱底人，故能一说再合。我又无爱可醉，犯不着去讨当头一棒底冷话。您想是不是？

给怀霄

不能投递之情形——此信遗在道旁，由陈斋夫拾回。

好几次写信给你都从火炉里捎去。我希望当你看见从我信笺上化出来那几缕烟在空中飘扬底时候，我底意见也能同时印入你底网膜。

怀霄，我不愿意写信给你底缘故，因为你只当我是有情的人，不当我是有趣的人。我尝对人说，你是可爱，不过你游戏天地底心比什么都强，人们还够不上爱你。朋友们都说我爱你，连你也是这样想，真是怪事！你想男女得先定其必能相爱，然后互相往来么？好人甚多，怎能对于个个发生爱恋。我底朋友，在爱底田园中，当然免不了三风四雨。从来没有不变化的天气能教一切花果开得斑斓，结得磊砢底。你连种子还没下，就想得着果实，便是办不到底。我告诉你，真能下雨底云是一声也不响底。不掉点儿底密云，雷电反发射得弥满天地。所以人家底话，不一定就是事实，请你放心。

男子愿意做女人底好伴侣或好朋友，可不愿意当她们底奴才，供她们使令。他愿意帮助她们，可不喜欢奉承谄媚她们，男子就是男子，媚是女人的事。你若把“女王”“女神”底尊号暂时收在镜囊里，一定要得着许多能帮助你底朋友。我知道你底性地很冷酷，你不但不愿意得几位新的好友，或极疏淡的学问之交，连旧的你也要一个一个弃绝掉。嫁了底女朋友和做了官底男相识都是不念旧好底。与他们见面时，常竟如路人。你还未嫁，还未做官，不该施行那样的事情。我不是呵责你，也不是生气。就使你侮辱我到极点，我也不生气。我不过尽我底情劝告你罢了。说到劝告，也是不得已的。这封信也是在万不得已的境遇底下写底。写完了，我还是盼望你收不到。

覆少觉

不能投递之情形——受信人地址为墨所污，无法投递。

同年的老弟：我知道怀霄多病，故月来未尝发信问候，恐惹起她底悲怨。她自说：“我有心事万缕，总不愿写出，说出；到无可奈何时节，只得由它化作血丝飘出来。”所以她也不写信告诉我她到底是害什么病。我想她现时正躺在病榻上呢。

唉，怀霄底病是难以治好底。一个人最怕有“理想”。理想不但能使人病，且能使人放弃他底性命。她甚至抱着理想的理想，怎能不每日病透二十四小时？她常对我说：“有而不完全，宁可不有。”你想“完全”真能在人间找得出来底么？就是遍游亿万尘沙世界，经过庄严劫，星宿劫，也找不着呀！不完全的世界怎能有完全的男子？纵使世间真有一个完全的男子，与她理想的理想一样，那男子对她未必就能起敬起爱。罢了！这又是一种渴鹿趋阳焰底事，即令它有千万蹄，每蹄各具千万翅膀，飞跑到旷野尽处，也不能得点滴的水；何况她还盼望得到绿洲做它底憩息饮食处？朋友们说她是“愚拙的聪明人”，诚然！她真是一个万事伶俐、一时懵懂的女人。她总没想到“完全”是由天魔画空而成，本来无东西，何能捉得住？多才，多艺，多色，多意想底人最容易犯理想病。因为有了这些，魔便乘隙于她心中画等等极乐；饰等等庄严；造等等涡像；使她这本来辛苦底身心更受造作安乐底刑罚，这刑罚，除了世人以为愚拙的人以外，谁也不能免掉。如果她知道这是魔底诡计，她就洇近解脱底岸边了。

“理想”和毒花一样，眼看是美，却摩不得。三家村女也知道开美丽的花底多是毒草，总不敢兴起受用底念头。她偏去采那摩触不得底毒花来做肴馔，可见真正聪明人还数不到她。自求辛螫底人除用自己底泪来调反省底药饵以外，再没有别样灵方。医生说她外表似冷，内里却中了很深的繁花毒。由毒生热恼，恼极成劳，故呕心有血。我早知她底病原在此，只恨没有神变威力，幻作大白香象，到阿耨达池去，吸取些清凉水来与她灌顶，使她表里俱冷。虽然如此，我还尽力向她劝说，希望她自己能调伏她理想底热毒。

我写到这里，接朋友底信说她病得很凶，我得赶紧去看看她。

给琰光

不能投递之情形——琰光南归就婚，嘱所有男友来书均退回。

你在我心中始终是一个生面人，彼此间再也不能有什么微妙深沉的认识了。这也是难怪底。白孔雀和白熊虽是一样清白，而性情底冷暖各不相同，故所住底地方也不一样。我看出来了！你是白熊，只宜徘徊于古冰峭嵘底岩壑间，当然不能与我这白孔雀一同飞翔于缨藤缕缕，繁花树树底森林里。可惜我从前对你所有的意绪，到今日落得寸断毫分，流离到踪迹都无。我终恨我不是创造者呀！怎么连这刹那等速的情爱时间也做不来？

我热极了，躺在病床上，只是同冰作伴。你底情愫也和冰一样，我愈热，你愈融，结果只使我戴着一头冷水。就是在手中底，也消融尽了。人间第一痛苦就是无情的人偏会装出多情的模样，有情的倒是箴口束手，无所表示！启芳说我是泛爱者，劳生说我是兼爱者，但我自己却以我是困爱者。我诚实地对你说，我自己实不敢作，也不能作爱恋业，为困于爱，故镇日颠倒于这甜苦的重围中，不能自行救度。爱底沉沦是一切救主所不能救底。爱底迷蒙是一切天人师所不能训诲开示底。爱底刚愎是一切调御丈夫所不能降伏底。

病中总希望你来看看我，不想你影儿不露，连信也不来！

似游丝的情绪只得因着记忆底风挂搭在西园西篱，晚霞现处。那里站着我儿时曾爱，现在犹爱底邕。她是我这一生第一个女伴。二十四年底别离，我已成年，而心象中底邕还是两股小辫垂在绿衫儿上。毕竟是别离好呵！别离的人总不会老的，你不来也就罢了，因为我更喜欢在旧梦中寻找你。

你去年对我说那句话，这四百日中，我未尝忘掉要给你一个解答。你说爱是你底，你要予便予，要夺便夺。又说要得你底爱须付代价，咦，你老脱不掉女人的骄傲！无论是谁，都不能有自己的爱。你未生以前，爱恋早已存在，不过你偷了些少来眩惑人罢了。你到底是个爱底小窃；同时是个爱底典质者。你何尝花了一丝一忽底财宝，或费了一言一动底劳力去索取爱恋，你就想便宜得来，高价地售出？人间底第二痛苦就是出无等对的代价去买不用劳力得来底爱恋。 我实在告诉你，要代价底爱情，我买不起。

焦把纸笔拿到床边，迫着我写信给你，不得已才写了这一套话。我心里告诉我说，从诚实心表见出来底言语，永不致于得罪人，所以我想上头所说底不会动你底怒。

给憬然三姑

不能投递之情形——本宅并无“三姑”称谓，恐怕是投错了。

我来找你，并不是不知道你已嫁了，怎么你总不敢出来和我叙叙旧话？我一定要认识你底“天”以后才可以见你么？三千里底海山，十二年底隔绝此间：每年，每月，每个时辰，每一念中都盼着要再会你。一踏入你底大门，我心便摆得如秋千一般，几乎把心房上底大脉振断了。谁知坐了半天，你总不出来！好容易见你出来，客气话说了，又跑去坐在我背后。那时许多人要与我谈话，我怎好意思回过脸去向着你？

合卺酒是女人底孟婆汤，一喝便把儿女旧事都忘了；所以你一见了我，只似曾相识，似怕人知道我们曾相识，两意三心，把旧时的好话都撇在一边。

那一年底深秋，我们同在昌华小榭赏残荷。我底手误触在竹栏边底仙人掌上，竟至流血不止。你从你底镜囊取些粉纸，又拔下两根你香柔而黑甜的头发，为我裹缠伤处。你记得那时所说底话么？你说："这头发虽然不如弦底韧，用来缠伤，足能使得，就是用来系爱人底爱也未必不能胜任。"你含羞说出底话真果把我底心系住，可是你底记忆早与我底伤痕一同丧失了。

又是一年底秋天，我们同在屋顶放一只心形纸鸢。你扶着我底肩膀看我把线放尽了。纸鸢腾得很高，因为风力过大，扯得线儿欲断不断。你记得你那时所说底话么？你说："这也不是'红线'，容它断了罢。"我说："你想我舍得把我偷闲做成底'心'放弃掉么？纵然没有红线，也不能容它流落。"你说："放掉假心，还有真心呢。"你从我手里把白线夺过去，一撒手，纸鸢便翻了无数的筋斗，带着堕线飞去挂在皇觉寺塔顶，那破心底纤维也许还存在塔上，可是你底记忆早与当时的风一样地不能追寻了。

有一次，我们在流花桥上听鹧鸪，你底白袜子给道傍底曼陀罗花汁染污了。我要你脱下来，让我替你洗净。你记得当时你说什么来？你说：“你不怕人笑话么？岂有男子给女人洗袜子底道理？你忘了我方才用栀子花蒂在你掌上写了我底名字么？一到水里，可不把我底名字从你手心洗掉，你怎舍得？”唉，现在你底记忆也和写在我掌上的名字一同消灭了！

真是！合卺酒是女人底孟婆汤，一喝便把儿女旧事都忘了。但一切往事在我心中都如残机底线，线线都相连着，一时还不能断尽。我知道你现在很快活，因为有了许多子女在你膝下。我一想起你，也是和你对着儿女时一样地喜欢。

（原刊于1923年4月、5月《小说月报》第14卷第4号、5号）

海世间

我们底人间只有在想像或淡梦中能够实现罢了。一离了人造的上海社会，心里便想到此后我们要脱离等等社会律底桎梏，来享受那乐行忧违底潜龙生活；谁知道一上船，那人造人间所存的受，想，行，识，都跟着我们入了这自然的海洋！这些东西，比我们底行李还多，把这一万二千吨的小船压得两边摇荡。同行的人也知道船载得过重，要想一个好方法，教他底负担减轻一点。但谁能有出众的慧思呢？想来想去，只有吐些出来，此外更无何等妙计。

这方法虽是很平常，然而船却轻省得多了。这船原是要到新世界去的哟，可是新世界未必就是自然的人间。在水程中，虽然把衣服脱掉了，跳入海里去学大鱼的游泳，也未必是自然。要是闭眼闷坐着，还可以有一点勉强的自在。

船离陆地远了，一切远山疏树尽化行云。割不断的轻烟，缕缕丝丝从烟筒里舒放出来，慢慢地往后延展。故国里，想是有人把这烟揪住罢。不然就是我们之中有些人底离情凝结了，乘着轻烟家去。

呀！他底魂也随着轻烟飞去了！轻烟载不起他，把他摔下来。堕落底人连浪花也要欺负他，将那如弹的水珠一颗颗射在他身上。他几度随着波涛浮沉，气力有点不足，眼看要沉没了，幸而得文鳐底哀怜，展开了帆鳍搭救他。

文鳐说："你这人太笨了，热火燃尽的冷灰，岂能载得你这焰红的情怀？我知道你们船中定有许多多情的人儿，动了乡思。我们一队队跟船走，又飞又泳，指望能为你们服劳，不料你们反拍着掌笑我们，驱逐我们。"

他说："你底话我们怎能懂得呢？人造的人间底人，只能懂得人造的语言罢了。"

文鳐摇着他口边那两根短须，装作很老成的样子，说："是谁给你分别底，什么叫人造人间，什么叫自然人间？只有你心里妄生差别便了。我们只有海世间和陆世间底分别。陆世间想你是经历惯底；至于海世间，你只能从想像中理会一点。你们想海里也有女神，五官六感都和你们一样，戴底什么珊瑚，珠贝；披的什么鲛纱，昆布。其实这些东西，在我们这里并非希奇难得的宝贝。而且一说人底形态便不是神了。我们没有什么神，只有这蔚蓝的盐水是我们生命底根源。可是我们生命所从出底水，于你们反有害处。海水能夺去你们底生命。若说海里有神，你应当崇拜水，毋需再造其他的偶像。"

他听得呆了，双手扶着文鳐底帆鳍，请求他领他到海世间去。文鳐笑了，说："我明说水中你是生活不得底，你不怕丢了你底生命么？"

他说："下去一分时间，想是无妨底。我常想着海神底清洁、温柔、娴雅等等美德；又想着海底底花园有许多我不曾见过的生物和景色，恨不得有人领我下去一游。”

文鳐说：“没有什么，没有什么，不过是咸而冷的水罢了，海底美丽就是这么简单——冷而咸。你一眼就可以望见了。何必我领你呢？凡美丽的事物，都是这么简单的。你要求他多么繁复，热烈，那就不对了。海世间底生活，你是受不惯底，不如送你回船上去罢。”

那鱼一振鳍，早离了波阜，飞到舷边。他还舍不得回到这真是人造的陆世界来，眼巴巴只怅望着天涯，不信海就是方才所听情况。从他想像里，试要构造些海底世界底光景。他底海中景物真个实现在他梦想中了。

（原刊于1923年11月《小说月报》第14卷第11号）

海角底孤星

一走近舷边看浪花怒放底时候，便想起我有一个朋友曾从这样的花丛中隐藏他底形骸。这个印象，就是到世界底末日，我也忘不掉。

这桩事情离现在已经十年了。然而他在我底记忆里却不像那么久远。他是和我一同出海底。新婚的妻子和他同行，他很穷，自己买不起头等舱位。但因新人不惯行旅底缘故，他乐意把平生的蓄积尽量地倾泻出来，为他妻子定了一间头等舱。他在那头等船票底佣人格上填了自己底名字，为底要省些资财。

他在船上那里像个新郎，简直是妻底奴隶！傍人底议论，他总是不理会底。他没有什么朋友，也不愿意在船上认识什么朋友，因为他觉得同舟中只有一个人配和他说话。这冷僻的情形，凡是带着妻子出门底人都是如此，何况他是个新婚者？

船向着赤道走，他们底热爱，也随着增长了。东方人底恋爱本带着几分爆发性，纵然遇着冷气，也不容易收缩。他们要去底地方是槟榔屿附近一个新辟的小埠。下了海船，改乘小舟进去。

小河边满是椰子，棕枣和树胶林。轻舟载着一对新人在这神秘的绿荫底下经过，赤道下底阳光又送了他们许多热情，热觉，热血汗。他们更觉得身外无人。

他对新人说："这样深茂的林中，正合我们幸运的居处。我愿意和你永远住在这里。"

新人说："这绿得不见天日的林中，只合作浪人底坟墓罢了……"

他赶快截住说："你老是要说不吉利的话！然而在新婚期间，所有不吉利的语言都要变成吉利的。你没念过书，那里知道这林中底树木所代表的意思。书里说：'椰子是得子息的徽识树'，因为椰子就是'迓子'。棕枣是表明爱与和平。树胶要把我们的身体黏得非常牢固，至于分不开。你看我们在这林中，好像双星悬在洪濛的穹苍下一般。双星有时被雷电吓得躲藏起来，而我们常要闻见许多歌禽底妙音和无量野花的香味。算来我们比双星还快活多了。"

新人笑说："你们念书人底能干只会在女人面前搬唇弄舌罢。好听极了！听你的话语，也可以不用那发妙音底鸟儿了。有了别的声音，倒嫌噪杂咧！……可是，我的人哪，设使我一旦死掉，你要怎办呢？"

这一问，真个是平地起雷咧！但不晓得新婚的人何以常要发出这样的问。不错底，死底恐怖，本是和快乐底愿望一齐来底呀。他底眉不由得不绉起来了，酸楚的心却拥出一副笑脸，说："那么，我也可以做个孤星。"

"咦，恐怕孤不了罢。"

“那么，我随着你去，如何？”他不忍看着他底新人，掉头出去向着流水，两行热泪滴下来，正和船头激成底水珠结合起来。新人见他如此，自然要后悔，但也不能对她丈夫忏悔，因为这种悲哀底霉菌，众生都曾由母亲底胎里传染下来，谁也没法医治底。她只能说：“得啦，又伤心什么？你不是说我们在这时间里，凡有不吉利的话语，都是吉利的么？你何不当作一种吉利话听？”她笑着，举起丈夫底手，用他底袖口，帮助他擦眼泪。

他急得把妻子底手摔开说：“我自己会擦。我底悲哀不是你所能擦，更不是你用我底手所能灭掉底，你容我哭一会罢。我自己知道很穷，将要养不起你，所以你……”

妻子忙杀了，急掩着他底口，说：“你又来了。谁有这样的心思？你要哭，哭你底，不许再往下说了。”

这对相对无言底新夫妇，在沉嘿中，随着流水湾行，一直驶入林荫深处。自然他们此后定要享受些安泰的生活。然而在那邮件难通的林中，我们何从知道他们底光景？

三年的工夫，一点消息也没有！我以为他们已在林中做了人外的人，也就渐渐把他们忘了。这时，我底旅期已到，买舟从槟榔屿回来。在二等舱上，我遇见一位很熟的旅客。我左右思量，总想不起他底名姓，幸而他还认识我，他一见我便叫我说：“落君，我又和你同船回国了！你还记得我吗？我想我病得这样难看，你决不能想起我是谁。”他说我想不起，我倒想起来了。

我很惊讶，因为他实在是病得很利害了。我看见他妻子不在身边，只有一个咿哑学舌的小婴孩躺在床上。不用问，也可断定那是他底子息。

他倒把别来底情形给我说了。他说："自从我们到那里，她就病起来。第二年，她生下这个女孩，就病得更厉害了。唉，幸运只许你空想底！你看她没有和我一同回来，就知道我现在确是成为孤星了。"

我看他憔悴的病容，委实不敢往下动问，但他好像很有精神，愿意把一切的情节都说给我听似的。他说话时，小孩子老不容他畅快地说。没有母亲的孩子，格外爱哭，他又不得不抚慰她。因此，我也不愿意扰他，只说："另日你精神清爽底时候，我再来和你谈罢。"我说完，就走出来。

那晚上，经过马来海峡，船震荡得很。满船底人，多犯了"海病"。第二天，浪平了。我见管舱底侍者，手忙脚乱地拿着一个麻袋，往他底舱里进去。一问，才知道他已经死了。侍者把他底尸洗净，用细台布裹好，拿了些废铁、几块煤炭，一同放入袋里，缝起来。他底小女儿还不知这是怎么一回事，只咿哑地说了一两句不相干的话。她会叫"爸爸""我要你抱""我要那个"等等简单的话。在这时，人们也没工夫理会她，调戏她了，她只独自说自己底。

黄昏一到，他底丧礼，也要预备举行了。侍者把麻袋拿到船后底舷边。烧了些楷钱，口中不晓得念了些什么，念完就把麻袋推入水里。那时船底推进机停了一会，隆隆之声一时也静嘿了。船中知道这事底人都远远站着看，虽和他没有什么情谊，然而在那时候却不免起敬底。这不是从友谊来底恭敬，本是非常难得，他竟然承受了！

他底海葬礼行过以后，就有许多人谈到他生平的历史和境遇。我也搀入队里去听人家怎样说他。有些人说他妻子怎样好，怎样可爱。他的病完全是因为他妻子底死，积哀所致底。照他底话，他妻子葬在万绿丛中，他却葬在不可测量的碧晶岩里了。

傍边有个印度人，撚着他那一大缕红胡子，笑着说："女人就是悲哀底萌蘖，谁叫他如此？我们要避掉悲哀，非先避掉女人底纠缠不可。我们常要把小女儿献给殑迦河神，一来可以得着神惠，二来省得她长大了，又成为一个使人悲哀的恶魔。"

我摇头说："这只有你们印度人办得到罢了，我们可不愿意这样办。诚然，女人是悲哀底萌蘖，可是我们宁愿悲哀和她同来，也不能不要她。我们宁愿她嫁了才死，虽然使她丈夫悲哀至于死亡，也是好的。要知道丧妻底悲哀是极神圣的悲哀。"

日落了，蔚蓝的天多半被淡薄的晚云涂成灰白色。在云缝中，隐约露出一两颗星星。金星从东边底海涯升起来，由薄云里射出它底光辉。小女孩还和平时一样，不懂得什么是可悲的事。她只顾抱住一个客人底腿，绵软的小手指着空外底金星，说："星！我要那个！"她那副嬉笑的面庞，迥不像个孤儿。

（原刊于1923年11月《小说月报》第14卷第11号）

上景山

无论哪一季，登景山，最合宜的时间是在清早或下午三点以后。晴天，眼界可以望到天涯底朦胧处；雨天，可以赏雨脚底长度和电光底迅射；雪天，可以令人咀嚼着无色界底滋味。

在万春亭上坐着，定神看北上门后底马路（从前路在门前，如今路在门后）尽是行人和车马，路边底梓树都已掉了叶子。不错，已经立冬了，今年天气可有点怪，到现在还没冻冰。多谢芰荷底业主把残茎都去掉，教我们能看见紫禁城外护城河底水光还在闪烁着。

神武门上是关闭得严严地。最讨厌的是楼前那枝很长的旗杆，侮辱了全个建筑底庄严。门楼两傍树它一对，不成吗？禁城上时时有人在走着，恐怕都是外国的旅人。

皇宫一所一所排列着非常整齐。怎么一个那不讲纪律底民族，会建筑这么严整的宫廷？我对着一片黄瓦这样想着。不，说不讲纪律未免有点过火，我们可以说这民族是把旧的纪律忘掉，正在找一个新的咧。新的找不着，终久还要回来底。北京房子，皇宫也算在里头，主要的建筑都是向南底，谁也没有这样强迫过建筑者，说非这样修不可。但纪律因为利益所在，在不言中被遵守了。夏天受着解愠的熏风，冬天接着可爱的暖日，只要守着盖房子底法则，这利益是不用争而自来的。所以我们要问在我们底政治社会里有这样的熏风和暖日吗？

最初在崖壁上写大字铭功底是强盗底老师，我眼睛看着神武门上底几个大字，心里想着李斯。皇帝也是强盗底一种，是个白痴强盗。他抢了天下把自己监禁在宫中，把一切宝物聚在身边，以为他是富有天下。这样一代过一代，到头来还是被他底糊涂奴仆，或贪婪臣宰，讨，瞒，偷，换，到连性命也不定保得住。这岂不是个白痴强盗？在白痴强盗底下才会产出大盗和小偷来。一个小偷，多少总要有一点跳女墙钻狗洞底本领，有他的禁忌，有他底信仰和道德。大盗只会利用他底奴性去请托攀缘，自赞赞他，禁忌固然没有，道德更不必提。谁也不能不承认盗贼是寄生人类底一种，但最可杀的是那班为大盗之一底斯文贼。他们不像小偷为延命去营鼠雀底生活；也不像一般的大盗，凭着自己的勇敢去抢天下。所以明火打劫底强盗最恨底是斯文贼。这里我又联想到张献忠。有一次他开科取士，檄诸州举贡生员，后至者妻女充院，本犯剥皮，有司教官斩；连坐十家。诸生到时，他要他们在一丈见方底大黄旗上写个帅字，字画要像斗底粗大，还要一笔写成。一个生员王志道缚草为笔，用大缸贮墨汁将草笔泡在缸里，三天，再取出来写，果然一笔写成了。他以为可以讨献忠底喜欢，谁知献忠说：“他日图我必定是你。”立即把他杀来祭旗。献忠对待念书人是多么痛快。他知道他们是寄生底寄生。他底使命是来杀他们。

东城西城底天空中，时见一群一群旋飞底鸽子。除去打麻雀，逛窑子，上酒楼以外，这也是一种古典的娱乐。这种娱乐也来得群众化一点。它能在空中发出和悦的响声，翩翩地飞绕着，教人觉得在一个灰白色的冷天，满天乱飞乱叫底老鸹底讨厌。然而在刮大风底时候，若是你有勇气上景山底最高处，看看天安门楼屋脊上底鸦群，噪叫底声音是听不见，它们随风飞扬，直像从什么大树飘下来底败叶，凌乱得有意思。

万春亭周围被挖得东一沟，西一窟，据说是管宫底当局挖来试看煤山是不是个大煤堆，像历来的传说所传底，我心里暗笑信这说底人们。是不是因为北宋亡国底时候，都人在城被围时，拆毁艮岳底建筑木材去充柴火，所以计画建筑北京底人预先堆起一大堆煤，万一都城被围底时，人民可以不拆宫殿。这是笨想头。若是我来计画，最好来一个米山。米在万急的时候，也可以生吃，煤可无论如何吃不得。又有人说景山是太行底最终一峰。这也是瞎说。从西山往东几十里平原，可怎么不偏不颇，在北京城当中出了一座景山？若说北京底建设就是对着景山底子午，为什么不对北海底琼岛？我想景山明是开紫金城外底护城河所积底土，琼岛也是垒积从北海挖出来底土而成底。

从亭后底树缝里远远看见鼓楼。地安门前后底大街，人马默默地走，城市底喧嚣声，一点也听不见。鼓楼是不让正阳门那样雄壮地挺着。它底名字，改了又改，一会是明耻楼，一会又是齐政楼，现在大概又是明耻楼吧。明耻不难，雪耻得努力。只怕市民能明白那耻底还不多，想来是多么可怜。记得前几年“三民主义”“帝国主义”这套名词随着北伐军到北平底时候，市民看些篆字标语，好像都明白各人蒙着无上的耻辱，而这耻辱是由于帝国主义底压迫。所以大家也随声附和唱着打倒和推翻。

从山上下来，崇祯殉国底地方依然是那棵半死的槐树。据说树上原有一条链子锁着，庚子联军入京以后就不见了。现在那枯槁的部分，还有一个大洞，当时的链痕还隐约可以看见。义和团运动底结果，从解放这棵树，发展到解放这民族。这是一件多么可以发人深思底对象呢？山后底柏树发出幽恬底香气，好像是对于这地方底永远供物。

寿皇殿锁闭得严严地，因为谁也不愿意努尔哈赤底种类再做白痴的梦。每年底祭祀不举行了，庄严的神乐再也不能听见，只有从乡间进城来唱秧歌底孩子们，在墙外打底锣鼓，有时还可以送到殿前。

到景山门，回头仰望顶上方才所坐底地方，人都下来了。树上几只很面熟却不认得底鸟在叫着。亭里残破的古佛还坐在结那没人能懂底手印。

（原刊于1934年12月《太白》第1卷第6期）

先农坛

曾经一度繁华过底香厂，现在剩下些破烂不堪的房子，偶尔经过，只见大兵们在广场上练国技。望南再走，排地摊底犹如往日，只是好东西越来越少，到处都看见外国来底空酒瓶，香水樽，胭脂盒，乃至簇新的东洋瓷器。故衣摊不入时底衣服，“一块八”，“两块四”，叫卖底伙计连翻带地兜揽，买主没有，看主却是很多。

在一条凹凸得格别底马路上走，不觉进了先农坛底地界。从前在坛里底惟一新建筑，“四面钟”，如今只剩一座空洞的高台，四围底柏树早已变成富人们底棺材或家私了。东边一座礼拜寺是新的。球场上还有人在那里练习。绵羊三五群，遍地拔着枯黄的草根。风稍微一动，尘土便随着飞起，可惜颜色太坏，若是雪白或朱红，岂不是很好的国货化妆材料?

到坛北门，照例买票进去。古柏依旧，茶座全空。大兵们住在大殿里，很好看底门窗，都被拆作柴火烧了。希望北平市游览区划定以后，可以有一笔大款来修理。北平底旧建筑，渐次少了，房主不断地卖折货。像最近定王府，原是明朝胡大海底府邸，论起建筑底年代足有五百多年。假若政府有心保存北平古物，决不致于让市民随意拆毁。拆一间是少一间。现在坛里，大兵拆起公建筑来了。爱国得先从爱惜公共的产业做起，得先从爱惜历史的陈迹做起。

观耕台上坐着一男一女，正在密谈，心情底热真能抵御环境底冷。桃树柳树都脱掉叶衣，做三冬底长眠，风摇，鸟唤，都不听见。雩坛边底鹿，伶俐的眼睛嘹望着过路底人。游客本来有三两个，它们见了格外相亲。在那么空旷的园囿，本不必拦着它们，只要四围开上七八尺深底沟，斜削沟底里壁，使当中成一个圆丘，鹿放在当中，虽没遮栏，也跳不上来。这样，园景必定优美得多。星云坛比岳渎坛更破烂不堪。干蒿败艾，满布在砖缝瓦罅之间，拂人衣裾，便发出一种清越的香味。老松在夕阳底下默然站着。人说它像盘旋的虬龙，我说它像开屏底孔雀，一颗一颗底松球，衬着暗绿的针叶，远望着更像得很。松是中国人底理想性格，画家没有不喜欢画它。孔子说它后凋还是屈了它，应当说它不凋才对。英国人对于橡树底情感就和中国对于松树底一样。中国人爱松并不尽是因为它长寿，乃是因它当飘风飞雪底时节能够站得住，生机不断，可发荣底时间一到，便又青绿起来。人对着松树是不会失望底，它能给人一种兴奋，虽然树上留着许多枯枝丫，看来越发增加它底壮美。就是枯死，也不像别的树木等闲地倒下来。千年百年是那么立着，藤萝缠它，薜荔黏它，都不怕，反而使它更优越更秀丽。古人说松籁好听得像龙吟。龙吟我们没有听过，可是它所发出底逸韵，真能使人忘掉名利，动出尘底想头。可是要记得这样的声音，决不是一寸一尺底小松所能发出，非要经得百千年底磨练，受过风霜或者吃过斧斤底亏，能够立得定以后，是做不到底。所以当年壮底时候，应学松柏底抵抗力，忍耐力，和增进力；到年衰的时候，也不妨送出清越的籁。

对着松树坐了半天。金黄色底霞光已经收了，不免离开雩坛直出大门。门外前几年挖底战壕，还没填满。羊群领着我向着归路。道边放着一担菊花，卖花人站在一家门口与那淡妆底女郎讲价，不提防担里底黄花教羊吃了几棵。那人索性将两棵带泥丸底菊花向羊群猛掷过去，口里骂“你等死底羊孙子！”可也没奈何。吃剩底花散布在道上，也教车轮碾碎了。

（原刊于1935年1月《太白》第1卷第9期）

忆卢沟桥

记得离北平以前，最后到卢沟桥，是在二十二年底春天。我与同事刘兆蕙先生在一个清早由广安门顺着大道步行，经过大井村，已是十点多钟。参拜了义井庵底千手观音，就在大悲阁外少憩。那菩萨像有三丈多高，是金铜铸成底，体相还好，不过屋宇倾颓，香烟零落，也许是因为求愿底人们发生了求财赔本求子丧妻底事情罢。这次底出游本是为访求另一尊铜佛而来底。我听见从宛平城来底人告诉我那城附近有所古庙塌了，其中许多金铜佛像，年代都是很古的。为知识上的兴趣，不得不去探访一下。大井村底千手观音是有著录底，所以也顺便去看看。

出大井村，在官道上，巍然立着一座牌坊，是乾隆四十年建底。坊东面额书“经环同轨”，西面是“荡平归极”。建坊底原意不得而知，将来能够用来做凯旋门那就最合宜不过了。

春天底燕郊，若没有大风，就很可以使人流连。树干上或土墙边蜗牛在画着银色底涎路。它们慢慢移动，像不知道它们底小介壳以外还有什么宇宙似地。柳塘边底雏鸭披着淡黄色底氄毛，映着嫩绿的新叶；游泳时，微波随蹼翻起，泛成一弯一弯动着底曲纹，这都是生趣底示现。走乏了，且在路边底墓园少住一回。刘先生站在一座很美丽的窣堵波上，要我给他拍照。在榆树荫覆之下，我们没感到路上太阳底酷烈。寂静的墓园里，虽没有什么名花，野卉倒也长得顶得意地。忙碌的蜜蜂，两只小腿黏着些少花粉，还在采集着。马蚁为争一条烂残的蚱蜢腿，在枯藤底根本上争斗着。落网底小蝶，一片翅膀已失掉效用，还在挣扎着。这也是生趣底示现，不过意味有点不同罢了。

闲谈着，已见日丽中天，前面宛平城也在视域之内了。宛平城在卢沟桥北，建于明崇祯十年，名叫"拱北城"，周围不及二里，只有两个城门，北门是顺治门，南门是永昌门。清改拱北为拱极，永昌门为威严门。南门外便是卢沟桥。拱北城本来不是县城，前几年因为北平改市，县衙才移到那里去，所以规模极其简陋。从前它是个卫城，有武官常驻镇守着，一直到现在，还是一个很重要的军事地点。我们随着骆驼队进了顺治门，在前面不远，便见了永昌门。大街一条，两边多是荒地。我们到预定的地点去探访，果见一个庞大的铜佛头和些铜像残体横陈在县立学校里底地上。拱北城内原有观音庵与兴隆寺，兴隆寺内还有许多已无可考底广慈寺底遗物，那些铜像究竟是属于那寺底也无从知道。我们摩挲了一回，才到卢沟桥头底一家饭店午膳。

自从宛平县署移到拱北城，卢沟桥便成为县城底繁要街市。桥北底商店民居很多，还保存着从前中原数省入京孔道底规模。桥上底碑亭虽然朽坏，还矗立着。自从历年底内战，卢沟桥更成为戎马往来底要冲，加上长辛店战役底印象，使附近的居民都知道近代战争底大概情形，连小孩也知道飞机，大炮，机关枪都是做什么用底。到处墙上虽然有标语贴着底痕迹。而在色与量上可不能与卖药底广告相比。推开窗户，看着永定河底浊水穿过疏林，向东南流去，想起陈高底诗：“卢沟桥西车马多，山头白日照清波。毡卢亦有江南妇，愁听金人出塞歌。”清波不见，浑水成潮，是记述与事实底相差，抑昔日与今时底不同，就不得而知了。但想像当日桥下雅集亭底风景，以及金人所掠江南妇女，经过此地底情形，感慨便不能不触发了。

从卢沟桥上经过底可悲可恨可歌可泣的事迹，岂止被金人所掠底江南妇女那一件？可惜桥槛上蹲着底石狮子个个只会张牙裂眦结舌无言，以致许多可以稍留印迹底史实，若不随蹄尘飞散，也教轮辐压碎了。我又想着天下最有功德的是桥梁。它把天然的阻隔连络起来，它从这岸度引人们到那岸。在桥上走过底是好是歹，于它本来无关，何况在上面走底不过是长途中底一小段，它那能知道何者是可悲可恨可泣呢？它不必记历史，反而是历史记着它。卢沟桥本名广利桥，是金大定二十九年始建，至明昌三年（公元一一八九至一一九二）修成底。它拥有世界的声名是因为曾入马哥博罗底记述。马哥博罗记作“普利桑乾”，而欧洲人都称它做“马哥博罗桥”，倒失掉记者赞叹桑乾河上一道大桥底原意了。中国人是擅于修造石桥底，在建筑上只有桥与塔可以保留得较为长久。中国底大石桥每能使人叹为鬼役神工，卢沟桥底伟大与那有名的泉州洛阳桥和漳州虎渡桥有点不同。论工程，它没有这两道桥底宏伟，然而在史迹上，它是多次系着民族安危。纵使你把桥拆掉，卢沟桥底神影是永不会被中国人忘记底。这个在七七事件发生以后，更使人觉得是如此。当时我只想着日军许会从古北口入北平，由北平越过这道名桥侵入中原，决想不到火头就会在我那时所站底地方发出来。

在饭店里，随便吃些烧饼，就出来，在桥上张望。铁路桥在远处平行地架着。驼煤底骆驼队随着铃铛底音节整齐地在桥上迈步。小商人与农民在雕栏下作交易上很有礼貌的计较。妇女们在桥下浣衣，乐融融地交谈。人们虽不理会国势底严重，可是从军队里宣传员口里也知道强敌已在门口。我们本不为做间谍去底，因为在桥上向路人多问了些话，便教警官注意起来，我们也自好笑。我是为当事官吏底注意而高兴，觉得他们时刻在提防着，警备着。过了桥，便望见实柘山，苍翠的山色，指示着日斜多了几度，在砾原上流连片时，暂觉晚风拂衣，若不回转，就得住店了。“卢沟晓月”是有名的。为领略这美景，到店里住一宿，本来也值得，不过我对于晓风残月一类的景物素来不大喜爱。我爱月在黑夜里所显底光明。晓月只有垂死的光，想来是很凄凉的。还是回家罢。

我们不从原路去，就在拱北城外分道。刘先生沿着旧河床，向北回海甸去。我捡了几块石头，向着八里庄那条路走。进到阜城门，望见北海底白塔已经成为一个剪影贴在洒银底暗蓝纸上。

（原刊于1939年7月《大风》旬刊第42期）

无法投递之邮件（续）

一　给怜生

偶出郊外，小憩野店，见绿榕叶上糁满了黄尘。树根上坐着一个人，在那里呻吟着。袅说大概又是常见底那叫化子在那里演着动人同情或惹人憎恶底营生法术罢。我喝过一两杯茶，那凄楚的声音也和点心一齐送到我面前，不由得走到树下，想送给那人一些吃底用底。我到他跟前，一看见他底脸，却使我失惊。怜生，你说他是谁？我认得他，你也认得他。他就是汕市那个顶会弹三弦底瞽师。你记得他一家七八口就靠着他那十个指头按弹出底声音来养活底。现在他对我说他底一只手已留在那被贼略杀底城市里。他底家也教毒火与恶意毁灭了。他见人只会嚷："手——手——手！"再也唱不出什么好听底歌曲来。他说："求乞也求不出一只能弹底手，自活着是无意味的。"我安慰他说："这是贼人行凶底一个实据，残废也有残废生活底办法，乐观些罢。"他说："假使贼人切掉他一双脚，也比去掉他一个指头强。有完全底手，还可以营谋没惭愧底生活。"我用了许多话来鼓励他，最后对他说："一息尚存，机会未失。独臂擎天，事在人为。把你底遭遇唱出来，没有一只手，更能感动人，使人人底手举起来，为你驱逐丑贼。”他沉吟了许久，才点了头。我随即扶他起来。他底脸黄瘦得可怕，除掉心情底愤怒和哀伤以外，肉体上底饥饿、疲乏和感冒，都聚在他身上。

我们同坐着小车，轮转得虽然不快，尘土却随着车后卷起一阵阵的黑旋风。头上一架银色飞机掠过去。殷师对于飞机已养成一种自然的反射作用，一听见声音就蜷伏着。衾说那是自己的，他才安心。回到城里，看见报上说，方才那机是专载烤火鸡到首都去给夫人小姐们送新年礼底。好贵重底礼物！它们是越过满布残肢尸体底战场，败瓦颓垣底村镇，才能安然地放置在粉香脂腻底贵女和她们底客人面前。希望那些烤红底火鸡，会将所经历底光景告诉她们。希望它们说：我们底人民，也一样地给贼人烤着吃咧！

二　答寒光

你说你佩服近来流行底口号：革命是不择手段底。我可不敢赞同。革命是为民族谋现在与将来的福利底伟大事业，不像泼一盆脏水那么简单。我们要顾到民族生存底根本条件，除掉经济生活以外，还要顾到文化生活。纵然你说在革命的过程中文化生活是不重要的，因为革命便是要为民族制造一个新而前进的文化，你也得做得合理一点，经济一点。

革命本来就是达到革新目的底手段。要达到目的地，本来没限定一条路给我们走。但是有些是崎岖路，有些是平坦途，有些是捷径，有些是远道。你在这些路程上，当要有所选择。如你不择道路，你就是一个最笨的革命家。因为你为选择了那条崎岖又复辽远的道路，你岂不是白糟蹋了许多精力，时间，与物力？领导革命从事革命底人，应当择定手段。他要执持信义，廉耻，振奋，公正等等精神的武器，踏在共利互益的道路上，才能有光明的前途。要知道不问手段去革命，只那手段有时便可成为前途最大的障碍。何况反革命者也可以不问手段地摧残你底工作？所以革命要择优越的，坚强的，与合理的手段；不择手段底革命是作乱，不是造福。你赞同我的意思罢！写到此处，忽觉冷气袭人，于是急闭窗户，移座近火，也算卫生上所择底手段罢，一笑。

雍来信说她面貌丑陋，不敢登场。我已回信给她说，戏台上底人物不见得都美，也许都比她丑。只要下场时留得本来面目，上场显得自己性格，涂朱画墨，有何妨碍？

三　给华妙

瑰容她底儿子加入某种秘密工作。孩子也干得很有劲。他看不起那些不与他一同工作底人们，说他们是活着等死。不到几个月，秘密机关被日人发现，因而打死了几个小同志。他幸而没被逮去，可是工作是不能再进行了，不得已逃到别处去。他已不再干那事，论理就该好好地求些有用的知识，可是他野惯了，一点也感觉不到知识底需要。他不理会他们底秘密底失败是由组织与联络不严密和缺乏知识，他常常举出他底母亲为例，说受了教育只会教人越发颓废，越发不振作，你说可怜不可怜！

瑰呢？整天要钱。不要钱，就是跳舞；不跳舞，就是……，总而言之，据她底行为看来，也真不像是鼓励儿子去做救国工作底母亲。她底动机是什么，可很难捉摸。不过我知道她底儿子当对她底行为表示不满意。她也不喜欢他在家里，尤其是有客人来找她底时候。

前天我去找她，客厅里已有几个欧洲朋友在畅谈着。这样的盛会，在她家里是天天有底。她在群客当中，打扮得像那样的女人。在谈笑间，常理会她那抽烟、耸肩、瞟眼底姿态，没一样不是表现她底可鄙。她偶然离开屋里，我就听见一位外宾低声对着他底同伴说："她很美，并且充满了性的引诱。"另一位说："她对外宾老是这样的美利坚化。……受欧美教育底中国妇女，多是擅于表欧美的情底，甚至身居重要地位底贵妇也是如此。"我是装着看杂志，没听见他们底对话，但心里已为中国文化掉了许多泪。华妙，我不是反对女子受西洋教育，我反对一切受西洋教育底男女忘记了自己是什么样人，自己有什么文化。大人先生们整天在讲什么"勤俭""朴素""新生活""旧道德"，但是节节失败在自己底家庭里头，一想起来，除掉血，还有什么可呕底？

（原刊于1940年1月22日、3月15日、5月16日香港《大公报》）

危巢坠简

一　给少华

近来青年人新兴了一种崇拜英雄底习气，表现底方法是跋涉千百里去向他们献剑献旗。我觉得这种举动不但是孩子气，而且是毫无意义。我们底领袖镇日在戎马倥偬，羽檄纷沓里过生活，论理就不应当为献给他们一把废铁镀银底中看不中用底剑，或一面铜线盘字底幡不像幡、旗不像旗底东西，来耽误他们宝贵的时间。一个青年国民固然要崇敬他底领袖，但也不必当他们是菩萨，非去朝山进香不可。表示他底诚敬底不是剑，也不是旗，乃是把他全副身心献给国家。要达到这个目的，必要先知道怎样崇敬自己。不会崇敬自己底，决不能真心崇拜他人。崇敬自己不是骄慢底表现，乃是觉得自己也有成为一个有为有用的人物底可能与希望，时时刻刻地，兢兢业业地鼓励自己，使他不会丢失掉这可能与希望。

在这里，有个青年团体最近又举代表去献剑，可是一到越南，交通已经断绝了。剑当然还存在他们底行囊里，而大众所捐底路费，据说已在异国的舞娘身上花完了。这样的青年，你说配去献什么？害中国底，就是这类不知自爱底人们哪。可怜，可怜！

二　给樾人

每日都听见你在说某某是民族英雄，某某也有资格做民族英雄，好像这是一个官衔，凡曾与外人打过一两场仗，或有过一二分功劳底都有资格受这个徽号。我想你对于“民族英雄”底观念是错误的。曾被人一度称为民族英雄底某某，现在在此地拥着做“英雄”底时期所榨取于民众和兵士底钱财，做了资本家，开了一间工厂，驱使着许多为他底享乐而流汗底工奴。曾自诩为民族英雄底某某，在此地吸鸦片，赌轮盘，玩舞戈，和做种种堕落的勾当。此外，在你所推许底人物中间，还有许多是平时趾高气扬临事一筹莫展底“民族英雄”。所以说，苍蝇也具有蜜蜂底模样，不仔细分辨不成。

魏冰叔先生说：“以天地生民为心，而济以刚明通达沉深之才，方算得第一流人物。”凡是够得上做英雄底，必是第一流人物，试问亘古以来这第一流人物究竟有多少？我以为近几百年来差可配得被称为民族英雄底，只有郑成功一个人。他于刚明敏达四德具备，只惜沉深之才差一点。他底早死，或者是这个原因。其他人物最多只够得上被称为“烈士”，“伟人”，“名人”罢了。《文子·微明》篇所列底二十五等人中，连上上等底神人还够不上做民族英雄，何况其余的？我希望你先把做成英雄底条件认识明白，然后分析民族对他底需要和他对于民族所成就底勋绩，才将这“民族英雄”底徽号赠给他。

三　覆成仁

来信说在变乱的世界里，人是会变畜生底。这话我可以给你一个事实的证明。小汕在乡下种地底那个哥哥，在三个月前已经变了马啦。你听见这新闻也许会骂我荒唐，以为在科学昌明底时代还有这样的怪事。但我请你忍耐看下去就明白了。

岭东底沦陷区里，许多农民都缺乏粮食，是你所知道底。即如没沦陷底地带也一样地闹起米荒来。当局整天说办平粜，向南洋华侨捐款，说起来，米也有，钱也充足，而实际上还不能解决这严重的问题，不晓得真是运输不便呢，还是另有原因呢？一般率直的农民受饥饿底迫胁总是向阻力最小，资粮最易得底地方奔投。小汕底哥哥也带了充足的盘缠，随着大众去到韩江下游底一个沦陷口岸，在一家小旅馆投宿，房钱是一天一毛，便宜得非常。可是第二天早晨，他和同行底旅客都失了踪！旅馆主人一早就提了些包袱到当铺去。回店之后，他又把自己幽闭在帐房里数什么军用票。店后面，一股一股的卤肉香喷放出来。原来那里开着一家卤味铺，卖底很香的卤肉，灌肠，熏鱼之类。肉是三毛一斤，说是从营盘批出来底老马，所以便宜得特别。这样便宜的食品不久就被吃过真正马肉底顾客发现了它底气味与肉味都有点不对路，大家才同调地怀疑说：大概是来路的马吧。可不是！小汕底哥哥也到了这类的马群里去了！变乱的世界，人真会变畜生底。

这里，我不由得有更深的感想。那使同伴在物质上变牛变马，是由于不知爱人如己，虽然可恨可怜，还不如那使自己在精神上变猪变狗底人们。他们是不知爱己如人，是最可伤可悲的。如果这样的畜人比那些被食底人畜多，那还有什么希望呢？

（原刊于1940年7月10日、8月24日香港《大公报》）

读《芝兰与茉莉》因而想及我底祖母

正要到哥仑比亚底检讨室里校阅梵籍，和死和尚争虚实，经过我底邮筒，明知每次都是空开底，还要带着希望姑且开来看看。这次可得着一卷东西，知道不是一分钟可以念完底。遂插在口袋里，带到检讨室去。

我正研究唐代佛教在西域衰灭底原因，翻起史太因在和阗所得底唐代文契，一读马令痣同母党二娘向护国寺僧虎英借钱底私契，妇人许十四典首饰契，失名人底典婢契等等，虽很有趣，但掩卷一想，恨当时的和尚只会营利，不顾转法轮，无怪回纥一入，便尔扫灭无余。

为释迦文担忧，本是大愚：曾不知成、住、坏、空，是一切法性？不看了，掏出口袋里底邮件，看看是什么罢。

《芝兰与茉莉》

这名字很香呀！我把纸笔都放在一边，一气地读了半天工夫——从头至尾，一句一字细细地读。这自然比看唐代死和尚底文契有趣。读后底余韵，常绕缭于我心中；像这样的文艺很合我情绪底胃口似地。

读中国底文艺和读中国底绘画一样。试拿山水——西洋画家叫做“风景画”——来做个例：我们打稿（composition）是鸟瞰的、纵的，所以从近处底溪桥，而山前底村落，而山后底帆影，而远地底云山；西洋风景画是水平的、横的，除水平线上下左右之外，理会不出幽深的、绵远的兴致。所以中国画宜于纵的长方，西洋画宜于横的长方，文艺也是如此：西洋人底取材多以“我”和“我底女人或男子”为主，故属于横的、夫妇的；中华人底取材多以“我”和“我底父母或子女”为主，故属于纵的、亲子的。描写亲子之爱应当是中华人底特长；看近来底作品，究其文心，都函这唯一义谛。

爱亲底特性是中国文化底细胞核，除了它，我们早就要断发短服了！我们将这种特性来和西洋的对比起来，可以说中华民族是爱父母的民族；那边欧西是爱夫妇的民族。因为是“爱父母的”，故叙事直贯，有始有终，源源本本，自自然然地说下来。这“说来话长”底特性——很和拔丝山药一样地甜热而黏——可以从一切作品里找出来。无论写什么，总有从盘古以来说到而今底倾向。写孙悟空总得从猴子成精说起；写贾宝玉总得从顽石变灵说起；这写生生因果底好尚是中华文学底文心，是纵的，是亲子的，所以最易抽出我们底情绪。

八岁时，读《诗经·凯风》和《陟岵》，不晓得怎样，眼泪没得我底同意就流下来？九岁读《檀弓》到“今丘也，东西南北之人也”一段，伏案大哭。先生问我：“今天底书并没给你多上，也没生字，为何委曲？”我说：“我并不是委曲，我只伤心这‘东西南北’四字。”第二天，接着念“晋献公将杀其世子申生”一段，到“天下岂有无父之国哉？”又哭。直到于今，这“东西南北”四个字还能使我一念便伤怀。我尝反省这事，要求其使我哭泣底缘故。不错，爱父母的民族底理想生活便是在这里生、在这里长、在这里聚族、在这里埋葬，东西南北地跑当然是一种可悲的事了。因为离家、离父母、离国是可悲的，所以能和父母、乡党过活底人是可羡的。无论什么也都以这事为准绳：做文章为这一件大事做，讲爱情为这一件大事讲，我才理会我底“上坟瘾”不是我自己所特有，是我所属底民族自盘古以来遗传给我底。你如自己念一念“可爱的家乡啊！我睡眼朦胧里，不由得不乐意接受你欢迎的诚意。”和“明儿……你真要离开我了么？”应作如何感想？

爱夫妇的民族正和我们相反。夫妇本是人为，不是一生下来就铸定了彼此的关系。相逢尽可以不相识，只要各人带着，或有了各人底男女欲，就可以。你到什么地方，这欲跟到什么地方；他可以在一切空间显其功用，所以在文心上无需溯其本源，究其终局，干干脆脆，Just a word，也可以自成段落。爱夫妇的心境本含有一种舒展性和侵略性，所以乐得东西南北，到处地跑。夫妇关系可以随地随时发生，又可以强侵软夺，在文心上当有一种“霸道”“喜新”“乐得”“为我自己享受”底倾向。

总而言之，爱父母的民族底心地是“生”；爱夫妇的民族底心地是“取”。生是相续的；取是广延的。我们不是爱夫妇的民族，故描写夫妇，并不为夫妇而描写夫妇，是为父母而描写夫妇。我很少见——当然是我少见——中国文人描写夫妇时不带着“父母的”底色彩；很少见单独描写夫妇而描写得很自然的。这并不是我们不愿描写，是我们不惯描写广延性的文字底缘故。从对面看，纵然我们描写了，人也理会不出来。

《芝兰与茉莉》开宗第一句便是“祖母真爱我！”这已把我底心牵引住了。“祖母爱我”，当然不是爱夫妇的民族所能深味，但它能感我和《檀弓》差不了多少。“垂老的祖母，等得小孩子奉甘旨么？”子女生活是为父母底将来，父母底生活也是为着子女，这永远解不开底结，结在我们各人心中。触机便发表于文字上。谁没有祖父母，父母呢？他们底折磨，担心，都是像夫妇一样有个我性底么？丈夫可以对妻子说：“我爱你，故我要和你同在”；或“我不爱你，你离开我罢”。妻子也可以说：“人尽可夫，何必你？”但子女对于父母总不能有这样的天性。所以做父母底自自然然要为子女担忧受苦，做子女底也为父母之所爱而爱，为父母而爱为第一件事。爱既不为我专有，“事之不能尽如人意”便为此说出来了。从爱父母的民族眼中看夫妇底爱是为三件事而起，一是继续这生生底线，二是往溯先人底旧典，三是承纳长幼底情谊。

说起书中人底祖母，又想起我底祖母来了。“事之不能尽如人意者，夫复何言！”我底祖母也有这相同的境遇呀！我底祖母，不说我没见过，连我父亲也不曾见过，因为她在我父亲未生以前就去世了。这岂不是很奇怪的么？不如意的事多着呢！爱祖母底明官，你也愿意听听我说我祖母底失意事么？

八十年前，台湾府——现在的台南——城里武馆街有一家，八个兄弟同一个老父亲同住着，除了第六、七、八底弟弟还没娶以外，前头五个都成家了。兄弟们有做武官底，有做小乡绅底，有做买卖底。那位老四，又不做武官又不做绅士，更不会做买卖；他只喜欢念书，自己在城南立了一所小塾名叫窥园，在那里一面读，一面教几个小学生。他底清闲，是他兄弟们所羡慕，所嫉妒底。

这八兄弟早就没有母亲了。老父亲很老，管家底女人虽然是妯娌们轮流着当，可是实在的权柄是在一位大姑手里。这位大姑早年守寡，家里没有什么人，所以常住在外家。因为许多弟弟是她帮忙抱大底，所以她对于弟弟们很具足母亲底威仪。

那年夏天，老父亲去世了。大姑当然是“阃内之长”，要督责一切应办事宜底。早晚供灵底事体，照规矩是媳妇们轮着办底。那天早晨该轮到四弟妇上供了。四弟妇和四弟是不上三年底夫妇，同是二十多岁，情爱之浓是不消说底。

大姑在厅上嚷：“素官，今早该你上供了。怎么这时候还不出来？”

居丧不用粉饰面，把头发理好，也毋需盘得整齐，所以晨妆很省事。她坐在妆台前，嚼槟榔，还吸一管旱烟。这是台湾女人们最普遍的嗜好。有些女人喜欢学土人把牙齿染黑了，她们以为牙齿白得像狗底一样不好看，将槟榔和着荖叶、熟灰嚼，日子一久，就可以使很白的牙齿变为漆黑。但有些女人是喜欢白牙底，她们也嚼槟榔，不过把灰减去就可以。她起床，漱口后第一件事是嚼槟榔，为底是使牙齿白而坚固。外面大姑底叫唤，她都听不见，只是嚼着；还吸着烟在那里出神。

四弟也在房里，听见姊姊叫着妻子，便对她说：“快出去罢。姊姊要生气了。”

“等我嚼完这口槟榔，吸完这口烟才出去。时候还早咧。”

“怎么你不听姊姊底话？”

“为什么要听你姊姊底话？你为什么不听我底话？”

“姊姊就像母亲一样。丈夫为什么要听妻子底话？”

“‘人未娶妻是母亲养底，娶了妻就是妻子养底。’你不听妻子底话，妻子可要打你，好像打小孩子一样。”

“不要脸，哪里来得这么大的孩子！我试先打你一下，看你打得过我不。”老四带着嬉笑的样子，拿着拓扇向妻子底头上要打下去。妻子放下烟管，一手抢了扇子，向着丈夫底额头轻打了一下，“这是谁打谁了！”

夫妇们在殡前是要在孝堂前后底地上睡底，好容易到早晨同进屋里略略梳洗一下，借这时间谈谈。他对于享尽天年底老父亲底悲哀，自然盖不过对于婚媾不久的夫妇底欢愉。所以，外头虽然尽其孝思；里面底“琴瑟”还是一样地和鸣。中国底天地好像不许夫妇们在丧期里有谈笑底权利似地。他们在闹玩时，门帘被风一吹，可巧被姊姊看见了。姊姊见她还没出来，正要来叫她，从布帘飞处看见四弟妇拿着拓扇打四弟，那无明火早就高起了一万八千丈。

“哪里来底泼妇，敢打她底丈夫！”姊姊生气嚷着。

老四慌起来了。他挨着门框向姊姊说：“我们闹玩，没有什么事。”

“这是闹玩底时候么？怎么这样懦弱，教女人打了你，还替她说话？我非问她外家，看看这是什么家教不可。”

他退回屋里，向妻子伸伸舌头，妻子也伸着舌头回答他。但外面越呵责越厉害了。越呵责，四弟妇越不好意思出去上供；越不敢出去越要挨骂，妻子哭了。他在旁边站着，劝也不是，慰也不是。

她有一个随嫁底丫头，听得姑太越骂越有劲，心里非常害怕。十三四岁底女孩，那里会想事情底关系如何？她私自开了后门，一直跑回外家，气喘喘地说："不好了！我们姑娘被他家姑太骂得很厉害，说要赶她回来咧！"

亲家爷是个商人，头脑也很率直，一听就有了气，说："怎样说得这样容易——要就取去，不要就扛回来？谁家养女儿是要受别人底女儿欺负底？"他是个杂货行主，手下有许多工人，一号召，都来聚在他面前。他又不打听到底是怎么一回事，对着工人们一气地说："我家姑娘受人欺负了。你们替我到许家去出出气。"工人一轰，就到了那有丧事底亲家门前，大兴问罪之师。

里面底人个个面对面呈出惊惶的状态。老四和妻子也相对无言，不晓得要怎办才好。外面底人们来得非常横逆，经兄弟们许多解释然后回去。姊姊更气得凶，跑到屋里，指着四弟妇大骂特骂起来。

"你这泼妇，怎么这一点点事情，也值得教外家底人来干涉？你敢是依仗你家里多养了几个粗人，就来欺负我们不成？难道你不晓得我们诗礼之家在丧期里要守制底么？你不孝的贱人，难道丈夫叫你出来上供是不对的，你就敢用扇头打他？你已犯七出之条了，还敢起外家来闹？好，要吃官司，你们可以一同上堂去，请官评评。弟弟是我抱大底，我总可以做抱告。"

妻子才理会丫头不在身边。但事情已是闹大了，自己不好再辩，因为她知道大姑底脾气，越辩越惹气。

第二天早晨，姊姊召集弟弟们在灵前，对他们说："像这样的媳妇还要得么？我想待一会，就扛她回去。"这大题目一出来，几个弟弟都没有话说；最苦的就是四弟了。他知道"扛回去"就是犯"七出之条"时"先斩后奏"底办法，就颤声地向姊姊求情。姊姊鄙夷他说："没志气的懦夫，还敢要这样的妇人么？她昨日所说底话我都听见了。女子多着呢，日后我再给你挑个好的。我们已预备和她家打官司，看看是礼教有势，还是她家工人底力量大。"

当事的四弟那时实在是成了懦夫了！他一点勇气也没有，因为这"不守制""不敬夫"底罪名太大了，他自己一时也找不出什么话来证明妻子底无罪，有赦免底余地。他跑进房里，妻子哭得眼都肿了。他也哭着向妻子说："都是你不好！"

"是，……是……我我……我不好，我对对……不起你！"妻子抽噎着说。丈夫也没有什么话可安慰她，只挨着她坐下，用手抚着她底脖项。

果然姊姊命人雇了一顶轿子，跑进房里，硬把她扶出来，把她头上底白麻硬换上一缕红丝，送她上轿去了。这意思就是说她此后就不是许家底人，可以不必穿孝。

"我有什么感想呢？我该有怎样的感想呢？懦夫呵！你不配靦颜在人世，就这样算了么？自私的我，却因为不贯彻无勇气而陷到这种地步，夫复何言！"当时他心里也未必没有这样的语言。他为什么懦弱到这步田地？要知道他原不是生在为夫妇的爱而生活底地方呀！

王亲家看见平地里把女儿扛回来，气得在堂上发抖。女儿也不能说什么，只跪在父亲面前大哭。老亲家口口声声说要打官司，女儿直劝无需如此，是她底命该受这样折磨底，若动官司只能使她和丈夫吃亏，而且把两家底仇恨结得越深。

老四在守制期内是不能出来底。他整天守着灵想妻子。姊姊知道他底心事，多方地劝慰他。姊姊并不是深恨四弟妇，不过她很固执，以为一事不对就事事不对，一时不对就永远不对。她看“礼”比夫妇底爱要紧。礼是古圣人定下来，历代的圣贤亲自奉行底。妇人呢？这个不好，可以挑那个。所以夫妇底配合只要有德有貌，像那不德，无礼的妇人，尽可以不要。

出殡后，四弟仍到他底书塾去。从前，他每夜都要回武馆街去底，自妻去后，就常住在窥园。他觉得一到妻子房里冷清清地，一点意思也没有，不如在书房伴着书眠还可以忘其愁苦。唉，情爱被压底人都是要伴书眠底呀！

天色晚，学也散了。他独在园里一棵芒果树下坐着发闷。妻子底随嫁丫头蓝从园门直走进来，他虽熟视着，可像不理会一样。等到丫头叫了他一声：“姑爷”，他才把着她底手臂，如见了妻子一般。他说：“你怎么敢来？……姑娘好么？”

“姑娘命我来请你去一趟。她这两天不舒服，躺在床上哪，她吩咐掌灯后才去，恐怕人家看见你，要笑话你。”

她说完，东张西望，也像怕人看见她来，不一会就走了。那几点钟底黄昏偏又延长了，他好容易等到掌灯时分！他到妻子家里，丫头一直就把他带到楼上，也不敢教老亲家知道。妻子底面比前几个月消瘦了，他说：“我底……”，他说不下去了，只改过来说："你怎么瘦得这个样子！"

妻子躺在床上也没起来，看见他还站着出神，就说："为什么不坐，难道你立刻要走么？"她把丈夫揪近床沿坐下，眼对眼地看着。丈夫也想不出什么话来说，想分离后第一次相见底话是很难起首底。

"你是什么病？"

"前两天小产了一个男孩子！"

丈夫听这话，直像喝了麻醉药一般。

"反正是我底罪过大，不配有福分，连从你得来底孩子也不许我有了。"

"不要紧的，日后我们还可以有五六个。你要保养保养才是。"

妻子笑中带着很悲哀的神彩说："痴男子，既休的妻还能有生子女底荣耀么？"说时，丫头递了一盏龙眼干甜茶来。这是台湾人待生客和新年用底礼茶。

"怎么给我这茶喝，我们还讲礼么？"

"你以后再娶，总要和我生疏底。"

"我并没休你。我们底婚书，我还留着呢。我，无论如何，总要想法子请你回去底；除了你，我还有谁？"

丫头在傍边插嘴说："等姑娘好了，立刻就请她回去罢。"

他对着丫头说："说得很快，你总不晓得姑太和你家主人都是非常固执，非常喜欢赌气，很难使人进退底。这都是你弄出来底。事已如此，夫复何言！"

小丫头原是不懂事，事后才理会她跑回来报信底关系重大。

她一听“这都是你弄出来底”，不由得站在一边哭起来。妻子哭，丈夫也哭。

一个男子底心志必得听那寡后回家当姑太底姊姊使令么？当时他若硬把妻子留住，姊姊也没奈他何，最多不过用“礼教底棒”来打他而已。但“礼教之棒”又真可以打破人底命运么？那时候，他并不是没有反抗礼教底勇气，是他还没得着反抗礼教底启示。他心底深密处也会像吴明远那样说：“该死该死！我既爱妹妹，而不知护妹妹；我既爱我自己，而不知为我自己着想；我负了妹妹，我误了自己！事原来可以如人意，而我使之不能；我之罪恶岂能磨灭于万一，然而赴汤蹈火，又何足偿过失于万一呢？你还敢说：‘事已如此，夫复何言’么？”

四弟私会出妻底事，教姊姊知道，大加申斥，说他没志气。不过这样的言语和爱情没有关系。男女相待遇本如大人和小孩一样。若是男子爱他底女人，他对于她底态度，语言，动作，都有父亲对女儿底倾向；反过来说，女人对于她所爱底男子也具足母亲对儿子底倾向。若两方都是爱者，他们同时就是被爱者，那是说他们都自视为小孩子，故彼此间能吐露出真性情来。小孩们很愿替他们底好朋友担忧，受苦，用力；有情的男女也是如此。所以姊姊底申斥不能隔断他们底私会。

妻子自回外家后，很悔她不该贪嚼一口槟榔，贪吸一管旱烟，致误了灵前底大事。此后，槟榔不再入她底口，烟也不吸了。她要为自己底罪过忏悔，就吃起长斋来。就是她亲爱底丈夫有时来到，很难得的相见时，也不使他挨近一步，恐怕玷了她底清心。她只以念经绣佛为她此生唯一的本分，夫妇的爱不由得不压在心意底崖石底下。

十几年中，他只是希望他岳丈和他姊姊底意思可以挽回于万一。自己底事要仰望人家，本是很可怜的。亲家们一个是执拗，一个是赌气，因之光天化日底时候难以再得。

那晚上，他正陪姊姊在厅上坐着，王家底人来叫他。姊姊不许，说：“四弟，不许你去。”

“姊姊，容我去看她一下罢。听说她这两天病得很厉害，人来叫我，当然是很要紧的，我得去看看。”

“反正你一天不另娶，是一天忘不了那泼妇底。城外那门亲给你讲了好几年，你总是不介意。她比那不知礼的妇人好得多——又美，又有德。”

这一次，他觉得姊姊底命令也可以反抗了。他不听这一套，径自跑进屋里，把长褂子一披，匆匆地出门。姊姊虽然不高兴，也没法揪他回来。

到妻子家，上楼去。她躺在床上，眼睛半闭着，病状已很凶恶。他哭不出来，走近前，摇了她一下。

“我底夫婿，你来了！好容易盼得你来！我是不久的人了，你总要为你自己的事情打算；不要像这十几年，空守着我，于你也没有益处。我不孝已够了，还能使你再犯不孝之条么？——‘不孝有三，无后为大。’”

“孝不孝是我底事；娶不娶也是我底事。除了你，我还有谁？”

这时丫头也站在床沿。她已二十多岁，长得越妩媚，越懂事了。她底反省，常使她起一种不可言喻的伤心，使她觉得她永远对不起面前这位垂死的姑娘和旁边那位姑爷。

垂死的妻子说："好罢，我们底恩义是生生世世的。你看她，"她撮嘴指着丫头，用力往下说："她长大了。事情既是她弄出来底，她得替我偿还。"她对着丫头说："你愿意么？"丫头红了脸，不晓得要怎样回答。她又对丈夫说："我死后，她就是我了。你如记念我们旧时的恩义，就请带她回去，将来好替我……"

她把丈夫底手拉去，使他揸住丫头底手，随说："唉，子女是要紧的，她将来若能替我为你养几个子女，我就把她从前的过失都宽恕了。"

妻子死后好几个月，他总不敢向姊姊提起要那丫头回来。他实在是很懦弱的，不晓怎样怕姊姊会怕到这地步！

离王亲家不远住着一位老妗婆。她虽没为这事担心，但她对于事情底原委是很明了底。正要出门，在路上遇见丫头，穿起一身素服，手挽着一竹篮东西，她问："蓝，你要到哪里去？"

"我正要上我们姑娘底坟去。今天是她底百日。"

老妗婆一手扶着杖，一手捏着丫头底嘴巴，说："你长得这么大了，还不回武馆街去么？"丫头低下头，没回答她。她又问："许家没意思要你回去么？"

从前的风俗对于随嫁底丫头多是预备给姑爷收起来做二房底，所以妗婆问得很自然。丫头听见"回去"两字，本就不好意思，她双眼望着地上，摇摇头，静嘿地走了。

妗婆本不是要到武馆街去底，自遇见丫头以后，就想她是个长辈之一，总得赞成这事。她一直来找她底甥女，也叫四外甥来告诉他应当办底事体。姊姊被妗母一说，觉得再没有可固执底了，说；“好罢，明后天预备一顶轿子去扛她回来就是。”

四弟说：“说得那么容易？要总得照着娶继室底礼节办；她底神主还得请回来。”

姊姊说：“笑话，她已经和她底姑娘一同行过礼了，还行什么礼？神主也不能同日请回来底。”

老妗母说：“扛回来时，请请客，当做一桩正事办也是应该底。”

他们商量好了，兄弟也都赞成这样办。“这种事情，老人家最喜欢不过”，老妗母在办事底时候当然是一早就过来了。

这位再回来底丫头就是我底祖母了。所以我有两个祖母，一个是生身祖母，一个是常住在外家底“吃斋祖母”——这名字是母亲给我们讲祖母底故事时所用底题目。又“丫头”这两个字是我家底“圣讳”，平常是不许说底。

我又讲回来了。这种父母的爱底经验，是我们最能理会底。人人经验中都有多少“祖母的心”，“母亲”，“祖父”，“爱儿”等等事迹，偶一感触便如悬崖泻水，从盘古以来直说到于今。我们底头脑是历史的，所以善用这种才能来描写一切的事故。又因这爱父母底特性，故在作品中，任你说到什么程度，这一点总抹杀不掉。我爱读《芝兰与茉莉》，因为它是源源本本地说，用我们经验中极普遍的事实触动我。我想凡是有祖母底人，一读这书，至少也会起一种回想底。

书看完了，回想也写完了，上课底钟直催着。现在的事好像比往事要紧，故要用工夫来想一想祖母底经历也不能了！大概她以后底境遇也和书里底祖母有一两点相同罢。

写于哥仑比亚图书馆四一三号，检讨室，

十三年，二月，十日。

（原刊于1924年5月《小说月报》第15卷第5号）

窥园先生诗传

华人移居台湾最早的，据日本所传，有秦始皇二十八年（前二一九）徐福率童男女移住夷州和亶州底事情（夷州是台湾，亶州是小吕宋）。自秦以后，汉底东鳀，隋底琉球、掖玖，唐底流鬼、澎湖，元底琉求、澎湖、波罗公，都是指台湾而言；但历代移民底有无，则不得而知。唐元和间（八〇六~八二〇），施肩吾有咏澎湖底诗，为澎湖见于文艺底第一次。有人说施肩吾率领家人移住澎湖，确与不确，也无从证明。宋、元以来，闽、粤人渡海移居台湾底渐多。明初因为防御海盗和倭寇，曾令本岛居民悉移漳、泉二州；但居留人数并未见得减少。当嘉靖四十二年（一五六三），俞大猷追海盗入台湾以前，七鲲身、鹿耳门沿岸底华民已经聚成树落。这些从中国到台湾底移民，大概可以分为五种：一是海盗，二是渔户，三是贾客，四是规避重敛底平民，五是海盗或倭寇底俘虏。嘉靖中从广东揭阳移到赤嵌（台南）居住底许超，便是窥园先生底入台一世祖。这家底职业，因为旧家谱于清道光年间（一八二一~一八五〇）毁掉，新谱并未载明，故不得而知。从家庭底传说，知道一世祖是蒙塾底师傅。若依上头移民底种类看来，他或者是属于第四或第五种人。自荷兰人占据以后，名台湾为丽都岛（花摩娑），称赤嵌为毗舍那（或作毗舍耶），建城筑堡，辟港刊林，政治规模略具，人民生活渐饶。许氏一家，自移殖以来到清嘉庆年间，宗族还未分居，并且各有职业。窥园先生底祖父永喜公是个秀才，因为兄弟们都从事生产，自己便教育几个学生，过他底书生生活。他前后三娶，生子八人。子侄们，除廷乐公业农、特斋公（讳廷璋）业儒以外，其余都是商人。道光中叶，许家兄弟共同经营了四间商店，是金珠、布匹、鞋帽和鸦片烟馆。不幸一夜底大火把那几间店子烧得精光，连家谱、地契都毁掉。家产荡尽，兄弟们才闹分居；特斋公因此分得西定坊武馆街火烬余底鞋店为业。咸丰五年十月初五日（一八五五年十月十四日），特斋公在那破屋里得窥园先生。因为那间房子既不宜居住，更不宜做学塾底用处，在先生六岁时候，特斋公便将武馆街旧居卖掉，另置南门里延平郡王祠边马公庙住宅，建学舍数楹。舍后空地数亩，任草木自然滋长，名为“窥园”；取董子“下帷讲诵，三年不窥园”底意思。特斋公自在宅中开馆授徒，不久便谢世，遗下窥园给他底四个儿子。

窥园先生讳南英，号蕴白或允白。窥园主人、留发头陀、龙马书生、毗舍耶客、春江冷宦，都是他底自号。自特斋公殁后，家计专仗少数田产；蓝太恭人善于调度，十数年来，诸子底学费都由她一人支持。先生排行第三；十九岁时，伯兄梓修公为台湾府吏、仲兄炳耀公在大穆降办盐务，以所入助家用。因为兄弟们都已成人，家用日绌，先生也想跟他二兄学卖盐去。谢宪章先生力劝他勉强继续求学，于是先生又跟谢先生受业。先生所往来底都是当时教“大馆”底塾师，学问因此大进。吴樵山先生也是在这几年间认识底。当时在台湾城教学底前辈对于先生底品格学问都很推许。二十四岁，先生被聘去教家塾；不久，自己又在“窥园”里设一个学塾，名为“闻樨学舍”。当时最常往来底亲友是吴樵山（子云）、陈卜五、王泳翔、施云舫（士洁）、丘仙根（逢甲）、汪杏泉（春源）、陈省三（望曾）、陈梧冈（日翔）诸先生。他底诗人生活，也是从这个时候起。

自二十四到三十五岁，先生都以教学为业。光绪丙戌（一八八六）初到北京会试，因对策陈述国家危机所在，文章过于伤感，考官不敢录取。己丑（一八八九）再赴试，又因评论政治得失被放。隔年，中恩科会魁，授兵部车驾清吏司主事职。先生底志向本不在做官，只望成了名，可以在本乡服役。他对于台湾底风物知道很多，绅民对他也很有信仰，所以在十二月间他便回籍服役。

先生二十三岁时，遵吴樵山先生底遗嘱，聘他底第三女（讳慎）；越三年，完婚。夫妇感情，直到命终，极其融洽。在三十三岁左右，偶然认识台南一个歌伎吴湘玉；由怜生爱，屡想为她脱籍。两年后，经过许多困难，至终商定纳她为妾。湘玉喜过度，不久便得病，她底母亲要等她痊愈才肯嫁她。在抑郁着急底心境中，使她病加剧，因而夭折。她死后，先生将遗骸葬在荔支宅。湘玉底母亲感激他底情谊，便将死者底婢女吴逊送给他。他并不爱恋那女子，只为湘玉底缘故收留她。本集里底情词，多半是怀念湘玉底作品。

台湾于光绪十一年（一八八五）改设行省，以原台湾府为台南府、台湾县为安平县。自设省后，所有新政渐逐推行。先生对于新设施都潜心研究，每以为机器、矿务或其他实业都应自己学会了自己办，异族绝靠不住。自庚寅从北京回籍，台南官绅举他管理“圣庙乐局”事务。安平陈县令聘他做蓬壶书院山长，辞未就，因为他愿意帮助政府办理垦土化番底事业。他每深入番社，山里底番、汉人多认识他。甲午年春，唐巡抚聘他当台湾通志局协修，凡台南府属底沿革、风物都由他汇纂。中日开战，省府改台南采访局为团练局，以先生充统领，领两营兵。黄海之败，中枢当局以为自改设台湾行省以来，五六年间，所有新政都要经费，不但未见利益，甚且要赔垫许多帑金；加以台湾民众向有反清复明底倾向，不易统治：这或者也是决意割让底一个原因。那时人心惶惶，希望政府不放弃台湾，而一些土棍便想乘着官吏与地权交代底机会从中取利。有些唱“跟父也是吃饭，跟母也是吃饭”底论调，意思是归华、归日都可以。因此，民主国底建设虽然酝酿着，而人心并未一致。住近番地底汉人，与番人又乘机混合起来扰乱。台南附近有刘乌河底叛变。一重溪、菜寮、拔马、锡猴、木冈、南庄、半平桥、八张犁诸社都不安静。先生领兵把匪徒荡平以后，分兵屯防诸社。

乙未（一八九五）三月，中日和约签定。依约第二条，台湾及澎湖群岛都割归日本。台湾绅民反对无效，因是积极筹建“民主国”，举唐巡抚为大“伯理玺天德”，以玄武旗（蓝地黄虎）为国旗。军民诸政先由刘永福，丘逢甲诸人担任，等议院开后再定国策。那时，先生任筹防局统领，仍然屯兵番社附近诸隘。日本既与我国交换约书于芝罘，遂任桦山资纪为台湾总督，会见我全权李经方于基隆港外，接收全岛及澎湖群岛。七月，基隆失守，唐大“伯理玺天德”乘德轮船逃厦门，日人遂入台北。当基隆告急时，先生率台南防兵北行；到阿里关，听见台北已失，乃赶回台南。刘永福自己到安平港去布防，令先生守城。先生所领底兵本来不多，攻守都难操胜算，当时人心张皇，意见不一，故城终未关，任人逃避。先生也有意等城内人民避到乡间以后，再请兵固守。八月，嘉义失守，刘永福不愿死战，致书日军求和，且令台南解严；先生只得听命。和议未成，打狗、凤山相继陷，刘永福遂挟兵饷官帑数十万乘德船逃回中国。旧历九月初二，安平炮台被占，大局已去，丘逢甲也弃职，民主国在实际上已经消灭。城中绅商都不以死守为然，力劝先生解甲。因为兵饷被刘提走，先生便将私蓄现金尽数散给部下，几个弁目把他送出城外。九月初三日，日人入台南。本集里，辛丑所作《无题》便是记当日刘帅逃走和他不能守城底愤恨。又，乙未《寄台南诸友》也是表明他底心迹底作品。

民主国最后根据地台南被占领后，日人悬像遍索先生。乡人不得已，乃于九月初五日送先生到安平港，渔人用竹筏载他上船。窥园词中《忆旧》是叙这次底事。日人登船搜索了一遍，也没把他认出来。先生到厦门少住，便转向汕头，投宗人子荣、子明二位先生底乡里，距鮀浦不远底桃都。子荣先生劝先生归宗，可惜旧家谱不存，入台一世祖与揭阳宗祠底关系都不得而知，这事只得罢论。子荣昆季又劝先生到南洋去换换生活，先生底旅费都是他们赠与。他们又把先生全家从台湾接到桃都，安置在宗祠边底别庄里。从此以后，先生底子孙便住在大陆，其余都留

在台湾。现在把先生底世系略记于下，表示住在台湾底族人还很多。（表略）

先生在新嘉坡、曼谷诸地漫游，足够两年。囊金荡尽，迫着他上了宦途。但回到兵部当差既不可能，于是“自贬南交为末史”（《寄题丘仓海工部澹定邨心太平草庐》）去了。先生到北京投供吏部，自请开去兵部职务；降换广东即用知县，加同知衔。他愿意到广东，一因是祖籍，二因朋友多。又因漳州与潮州比邻，语言风俗多半相同，于是寄籍为龙溪县人。从北京南下，到桃都把家眷带到广州，住药王庙兴隆坊。丁酉（一八九七）、戊戌（一八九八）两年中，帮广州周知府与番禺裴县令评阅府、县试卷。己亥（一八九九），委随潮州镇总兵黄金福行营到惠、潮、嘉一带办理清乡事务。庚子（一九〇〇），广州陈知府委总校广州府试卷。不久，又委充佛山汾水税关总办，辛丑（一九〇一），由税关调省，充乡试阅卷官。试毕，委署徐闻县知县。这是他当地方官底第一遭。

徐闻在雷州半岛南端，民风醇朴。先生到任后，全县政事，只用一位刑名师爷助理，其余会计钱粮诸事，都是自己经理。每旬放告，轻的是偷鸡剪钮，重的也不过是争田赖债；杀人越货，罕有所闻。“讼庭春草茵层层，官长真如退院僧”（《徐闻杂咏》），实在是当时光景。贵生书院山长杨先生退任，先生改书院为徐闻小学堂，选县中生员入学。邑绅见先生热心办学，乃公聘先生为掌教，每旬三、六、九日到堂讲经史二时。有清以来，县官兼书院掌教实是罕见。先生时到小学堂，与学生多有接触，因此对于县中人情风俗很能了解。先生每以“生于忧患，死于晏安”警策学生。又说：“人当奋勉，寸晷不懈；如耽逸乐，则放僻邪侈，无所不为。到那时候，身心不但没用，并且遗害后世。”他又以为人生无论做大小事，当要有些建树，才对得起社会；“生无建树死嫌迟”（《秋怀八首和丘仙根工部原韵》之四），也是他常说底话。案头除案卷外，时常放一册白纸本子，如于书中见有可以警发深思德行底文句便钞录在上头，名为“补过录”，每年完二三百页。可惜三十年来浮家处处，此录丧失几尽，我身边只存一册而已。县衙早已破毁，前任县官假借考棚为公馆，先生又租东邻三官祠为儿辈书房。公余有暇，常到书房和徐展云先生谈话，有时也为儿辈讲国史。先生在徐闻约一年，全县绅民都爱戴他。

光绪二十九年（一九〇三），广东乡试，先生被调入内帘。试毕，复委赴钦州查办重案。回省消差后，大吏以先生善治盗，因阳春、阳江连年闹匪，乃命他缓赴三水县本任，调署阳春县知县。到阳春视事仅六个月，对于匪盗剿抚兼施，功绩甚著，乃调任阳江军民同知兼办清乡事务。在阳江三年，与阳江游击柯壬贵会剿土匪，屡破贼巢。柯公以功授副将，加提督衔；先生受花翎四品顶戴底赏。阳江新政自光绪三十年（一九〇四）由先生渐逐施行，最重要的是遣派东洋留学生造专门人材，改濂溪书院为阳江师范传习所以养成各乡小学教员，创办地方巡警及习艺所。

光绪三十二年（一九〇六）秋，改阳江为直隶州，领恩平、阳春二县。七月初五日，习艺所罪犯越狱，劫监仓羁所犯人同逃。那时，先生正下乡公干，何游击于初五早晨也离城往别处去。所长莫君人虽慈祥，却乏干才；平时对于所中犯人不但未加管束，并且任外人随时到所探望。所中犯人多半是礅犯，徒刑重者不过十五年，因此所长并没想到他们会反监。初五日下午，所中犯人突破狱门，登监视楼，夺守岗狱卒枪械，拥所长出门。游击衙门正在习艺所旁边，逃犯们便拥进去，夺取大堂底枪枝和子弹。过监仓和羁所，复破狱门，迫守卒解放群囚。一时城中秩序大乱，经巡警，和同知衙门亲兵力击，匪犯乃由东门逃去，弃置莫君于田间。这事情本应所长及游击负责，因为先生身兼清乡总办，不能常驻城中，照例同知离城，游击便当留守；而何游击竟于初五早离城，致乱事起时，没人负责援救。初六日，先生自乡间赶回，计逃去重犯数十名，轻罪徒犯一百多名，乃将详情申报上司，对于游击及所长渎职事并未声明。部议开去三水本任，撤职留缉。那时所中还有几十名不愿逃走底囚徒，先生由他们知道逃犯底计画和行径，不出三个月，捕回过半。于是捐复翎顶，回省候委。十二月，委办顺德县清乡事务，随即委解京饷。丙午、丁未（一九〇六~〇七）两年间可以说是先生在宦途上最不得意底时侯，他因此自号“春江冷宦”。从北京回广州，过香港，有人告诉他阳江越狱主犯利亚摩与同伴都在本岛当劳工，劝他请省府移文逮捕归案。先生说：“上天有好生之德，我所以追捕逃犯，是怕他们出去仍为盗贼害民。现在他们既然有了职业，当要给他们自新底机会，何必再去捕杀他们呢！况且我已为他们担了处分，不忍再借他们底脂血来坚固自己底职位。任他们自由罢。”

光绪三十三年（一九〇七）五月赴三水县任。三年之中，力除秕政。向例：各房吏目都在各房办公，时间无定；甚至一件小案，也得迁延时日。先生乃于二堂旁边设县政办公室，每日集诸房吏在室内办公，自己也到室签押；舞弊底事顿减，人民都很愉快。县中巨绅，多有豢养世奴底陋习，先生严禁贩卖人口，且促他们解放群奴；因此与多数绅士不协，办事甚形棘手。县属巨姓械斗，闹出人命，先生秉公办理；两造争献贿赂，皆被严辞谢绝。他一生引为不负国家底两件事：一是除民害，一是不爱钱。《和耐公六十初度》，便是他底自白之一。当时左右劝他受两造赂金，既可以求好巨绅，又可以用那笔款去买好缺或过班。贿赂公行三十年来公开的事情。拜门，钻营，馈赠，是官僚升职底唯一途径；先生却恨这些事情，不但不受贿，并且严办说项底人。他做了十几年官，未尝拜过谁底门，也未曾为求差、求缺用过一文钱。对于出仕底看法，他并不从富贵着想；他尝说："一个人出仕，不做廊庙宰，当做州县宰。因为廊庙宰亲近朝廷，一国大政容我筹措；州县宰亲近人民，群众利害容我乘除。这两种才是真能为国效劳底宰官。"他既为公事得罪几个巨绅，便想辞职；会授电白县，乃卸事回省。将就新任，而武昌革命军起，一月之间，闽、粤响应。先生得漳州友人电召回漳，被举为革命政府民事局长。不久，南北共和，民事局撤销，先生乃退居海澄县属海沧墟，号所居为"借沧海居"。

住在海沧并非长策，因为先生全家所存现款只剩那用东西向汕头交通银行总办押借底五百元。从前在广州，凡有需要，都到子荣先生令嗣梅坡先生行里去通融；在海沧，却是举目无亲，他底困难实在难以言喻。陈梧冈先生自授秘鲁使臣后，未赴任，蛰居厦门；因清鼎革，想邀先生落发为僧，或于虎溪岸边筑室隐居。这两事都未成功，梧冈先生不久也谢世了。台湾亲友请先生且回故乡，先生遂带着叔午、叔未同行。台南南庄山林尚有一部分是先生底产业，亲友们劝他遣一两个儿子回台入日籍，领回那一大片土地。叔未本有日籍，因为他是庶出，先生不愿将这产业全交在他底手里，但在大陆诸子又没有一个愿意回乡入籍。先生于是放弃南庄山林，将所余分给留台族人，自己仍然回到厦门。在故乡时，日与诗社诸友联吟，住在亲戚吴筱霞先生园中。马公庙“窥园”前曾赁给日本某会社为宿舍，家人仍住前院；这时因为修筑大道，定须拆让。先生还乡，眼见他爱底梅花被移、旧居被夷为平地、“窥园”一部份让与他人，那又何等伤心呢！

“借沧海居”地近市集，不宜居住，家人仍移居龙溪县属石美黄氏别庄。先生自台南回国后，境遇越苦；恰巧同年旧友张元奇先生为福建民政长，招先生到福州。张先生意思要任他为西路观察使，他辞不胜任，请任为龙溪县知事。这仍是他“不做廊庙宰当做州县宰”底本旨。他对民国前途很有希望，但不以武力革命为然。这次正式为民国官吏，本想长做下去；无奈官范、民风越来越坏，豪绅劣民动借共和名义，牵制地方行政。就任不久，因为禁止私斗和勒拔烟苗事情为当地豪劣所忌，捏词上控先生侵吞公款；先生因请卸职查办。省府查不确，诸豪劣畏罪，来求先生免予追究；先生于谈笑中表示他底大度。从此以后，先生便决计不再从政了。

卸任后，两袖清风，退居漳州东门外管厝巷。诸子中，有些学业还未完成，有些虽能自给，但也不很丰裕。民国四年（一九一五），林叔臧先生组织诗社，聘先生为社友，月给津贴若干；以此，先生个人生活稍裕，但家境困难仍未减少。故友中有劝他入京投故旧谋差遣底，有劝他回广东去底。当时广东省长某，为先生任阳春知县时所招抚底一人。柯参将幕客彭华绚先生在省公署已得要职，函召先生到广州，说省长必能以高位报他。先生对家人说："我最恨食人之报，何况他从前曾在我部属，今日反去向他讨啖饭地，岂不更可耻吗？"至终不去。

民国五年（一九一六），移居大岸顶。四月，因厦门日本领事底邀请，回台参与"台湾劝业共进会"，复与旧友周旋数月。因游关岭，轻便车出轨，先生受微伤，在台南休养。那时，苏门答拉棉兰城华侨市长张鸿南先生要聘人给他编辑服官三十五年事略，林叔臧先生荐先生到那里去；先生遂于重阳日南航。这样工作预定两年，而报酬若干并未说明。先生每月应支若干既不便动问，又因只身远行，时念乡里，以此居恒郁郁，每以诗酒自遣。加以三儿学费、次女嫁资都要筹措，一年之间，精神大为沮丧；扶病急将《张君事略》编就，希望能够带些酬金回国。不料欧战正酣，南海航信无定，间或两月一期。先生候船久，且无所事，越纵饮；因啖水果过多，得痢疾。民国六年旧历十一月十一日（一九一七年十二月二十四日）丑时卒于寓所，寿六十三岁。林健人先生及棉兰友人于市外买地数弓，把先生底遗骸安葬在那里。

先生生平以梅自况，酷爱梅花，且能为它写照。在他底题画诗中，题自画梅花底诗占五分之三。对人对己，并不装道学模样。在台湾时发起"崇正社"，以"崇尚正义"为主旨；时时会集于竹溪寺，现在还有许多社友。他底情感真挚，从无虚饰。在本集里，到处可以看出他底深情。生平景仰苏、黄，且用"山谷”二字字他底诸子。他对于新学追求甚力，凡当时报章杂志，都用心去读；凡关于政治和世界大势底论文，先生尤有体会底能力。他不怕请教别人，对于外国文字有时问到儿辈。他底诗中用了很多当时底新名词，并且时时流露他对于国家前途底忧虑，足以知道他是个富于时代意识底诗人。

这《留草》是从先生底“未定本”中编录出来。割台以前底诗词多半散失，现存底都是由先生底记忆重写出来，因而写诗底时间不能断定。本书底次序，是比较诗底内容和原稿底先后编成底。还有原稿删掉而编者以为可以存底，也重行钞入；原稿残缺或文句不完底，便不录入。原稿更改或拟改底字句，便用其中编者以为最好的。但删补总计不出十首，仍不失原稿底真面目。在这《留草》里，先生历年所作以壬子年（民国元年）为最多，其次为丙辰年（民国五年）。所作最多为七律，计四百七十五首；其次七绝三百三十五首，五律一百三十二首，五绝三十八首，五古三十五首，七古二十三首，其它二首，总计一千零三十九首。在《留草》后面附上《窥园词》一卷，计五十九阕。词道，先生自以为非所长，所以存底少。现在所存底词都是先生在民国元年以后从旧日记或草稿中选录底，所以也没有次序；次序也是编者定底。

自先生殁后，亲友们便敦促刊行他底诗草。民国九年我回漳州省母，将原稿带上北京来。因为当时所入不丰，不能付印；只钞了一份，将原稿存在三兄敦谷处。民国十五秋，革命军北伐武昌，飞机弹毁敦谷住所，家中一切皆被破坏；事后于瓦砾场中搜出原稿完整如故，我们都非常喜欢。敦谷于十五年冬到上海，在那里将这全份稿本交给我。这几年来每想精刊全书，可惜限于财力，未能如愿。近因北京频陷于危，怕原稿化成劫灰；不得已，草率印了五百部。出版底时候，距先生歿已十六年；想起来，真对不起他。这部《留草》底刊行，承柯政和先生许多方面的帮助，应当在这里道谢。

作传，在原则上为编者所不主张。但上头底传只为使读者了解诗中底本事与作者底心境而作，并非褒扬先人底行述或哀启。所以前头没有很恭敬的称呼，也没请人“顿首填讳”；后头也不加“泣血稽颡谨述”。至于“传”中所未举出底，即与诗草内容没什么关系或诗注中已经详说底事情，读者可以参看先生底《自定年谱》。《年谱》中底《台湾大事》与《记事》中底存诗统计，也是编者加入底。

民国二十二年六月，许赞堃谨识。

（原载于许南英《窥园留草》，北平和济印书局1933年版）

牛津的书虫

牛津实在是学者的学国，我在此地两年底生活尽用于波德林图书馆，印度学院，阿克关屋（社会人类学讲室），及曼斯斐尔学院中，竟不觉归期已近。

同学们每叫我做“书虫”，定蜀尝鄙夷地说我于每谈论中，不上三句话，便要引经据典，“真正死路”！刘锴说：“你成日读书，睇读死你嚟呀！”书虫诚然是无用的东西，但读书读到死，是我所乐为。假使我底财力、事业能够容允我，我诚愿在牛津做一辈子底书虫。

我在幼时已决心为书虫生活。自破笔受业直到如今，二十五年间未尝变志。但是要做书虫，在现在的世界本不容易。须要具足五个条件才可以。五件者：第一要身体康健；第二要家道丰裕；第三要事业清闲；第四要志趣淡薄；第五要宿慧超越。我于此五件，一无所有！故我以十年之功只当他人一夕之业。于诸学问、途径还未看得清楚，何敢希望登堂入室？但我并不因我底资质与境遇而灰心，我还是抱着读得一日便得一日之益底心志。

为学有三条路向：一是深思，二是多闻，三是能干。第一途是做成思想家底路向；第二是学者；第三是事业家。这三种人同是为学，而其对于同一对象底理解则不一致。譬如有人在居庸关下偶然检起一块石头，一个思想家要想他怎样会在那里，怎样被人检起来，和他底存在底意义。若是一个地质学者，他对于那石头便从地质方面源源本本地说。若是一个历史学者，他便要探求那石与过去史实有无底关系。若是一个事业家，他只想着要怎样利用那石而已。三途之中，以多闻为本。我邦先贤教人以“博闻强记”，及教人“不学而好思，虽知不广”底话，真可谓能得为学底正谊。但在现在的世界，能专一途底很少。因为生活上等等的压迫，及种种知识上的需要，使人难为纯粹的思想家或事业家。假使苏格拉底生于今日的希拉，他难免也要写几篇关于近东问题底论文投到报馆里去卖几个钱。他也得懂得一点汽车、无线电的使用方法。也许他也会把钱财存在银行里。这并不是因为“人心不古”，乃是因为人事不古。近代人需要等等知识为生活底资助，大势所趋，必不能在短期间产生纯粹的或深邃的专家。故为学要先多能，然后专攻，庶几可以自存，可以有所供献。吾人生于今日，对于学问，专既难能，博又不易，所以应于上列三途中至少要兼二程。兼多闻与深思者为文学家。兼多闻与能干底为科学家。就是说一个人具有学者与思想家底才能，便是文学家；具有学者与专业家的功能底，便是科学家。文学家与科学家同要具学者底资格所不同者，一是偏于理解，一是偏于作用，一是修文，一是格物（自然我所用科学家与文学家底名字是广义的）。进一步说，舍多闻既不能有深思，亦不能生能干，所以多闻是为学根本。多闻多见为学者应有底事情，如人能够做到，才算得过着书虫的生活。当徬徨于学问底歧途时，若不能早自决断该向哪一条路走去，他底学业必致如荒漠的砂粒，既不能长育生灵，又不堪制作器用。即使他能下笔千言，必无一字可取。纵使他能临事多谋，必无一策能成。我邦学者，每不擅于过书虫生活，在歧途上既不能慎自抉择，复不虚心求教；过得去时，便充名士；过不去时，就变劣绅，所以我觉得留学而学普通知识，是一个民族最羞耻的事情。

我每觉得我们中间真正的书虫太少了。这是因为我们当学生底多半穷乏，急于谋生，不能具足上说五种求学条件所致。从前生活简单，旧式书院未变学堂底时代，还可以希望从领膏火费底生员中造成一二。至于今日底官费生或公费生，多半是虚掷时间和金钱底。这样的光景在留学界中更为显然。

牛津底书虫很多，各人都能利用他底机会去钻研，对于有学无财底人，各学院尽予津贴，未卒业者为“津贴生”，已卒业者为“特待校友”，特待校友中有一辈以读书为职业底。要有这样的待遇，然后可产出高等学者。在今日的中国要靠著作度日是绝对不可能的，因社会程度过低，还养不起著作家。……所以著作家底生活与地位在他国是了不得，在我国是不得了！著作家还养不起，何况能养在大学里以读书为生的书虫？这也许就是中国底“知识阶级”不打而自倒底原因。

……

（选自1950年2月2日香港《工商日报》）

旅印家书

1933年燕京大学实行“教授五年一休假”制度。地山利用休假时间，应中山大学邀请前往讲学，俟松同往。半年后，地山由广州去印度考察，俟松回北平。这些家书，就是地山1934年间在印度时写给我的。光阴荏苒，转瞬已五十余年矣！1981年，为地山逝世四十年祭，曾应南京师范学院《文教资料简报》编者之约，谨将部分书信发表，值此《许地山研究集》出版之际，又增选若干篇一并编入，供现代文学史研究者及地山作品的爱好者参考；并以此表示我对地山的一点纪念。

周俟松　1988年4月于南京

一

六妹：

那天从蓝沙丹尼下船，和你告别后，看船已出港，便即搭泉州船往澳门。本不想到李家去，想自己去看看，第二天便回广州。可巧在船上就遇见那学生，他一定要我到他家去。他父母极意款待，一连两天，不让我走，每食必火锅，真是过意不去。到走底时候，还给我买船票又送饼食很多，真是却之不恭，受之有愧。澳门地方很有趣味，很像南欧洲城市，商业不盛，政府依赌为生。回省后，又换了十镑做船费，因为船票须三百二十元英洋。你只交一百九十元给我。今日到香港，明天开船，船名 Takada，英邮船也。日本船终不可搭。信到时想你已在家，家人安否？祈函知。地址（略）

想你！

夫字　二月三日广州

二

六妹：

前天下午四时从香港出海，现在已离香港四百余浬，但距新加坡还有三日夜底路程。天气渐热起来，在香港已吃到西瓜，今早早餐已开了电风扇。海上仍是阴沉，北风从后面追来，弄得船有些摆荡。船上搭客不多。去年夏天在北京饭店住的，那位匈牙利人华义，亦搭此船，故每日与他闲谈，颇能消寂。此次到香港，除到莫君家去吃饭以外，哪里都没去。船行那天，找不到电报局，也就没打电报，船上每字两块多，大可以不必打。在海上五天，北风很紧，船虽摇荡，于我无伤。船中只看些书，并不能写什么。晚上与同舱二位先生（一位卢，一位刘，都是岭南中学教员）闲谈。卢先生能弹古琴，程度很高，有时也讲爱经。有时与华义谈北京那女古董家。不觉又看见新加坡了。今天是九号，从香港到此为一千四百四十四浬，足走了五天五夜，大概要后天才能开船到槟榔屿。到仰光还得七天，到时再通知。夜间老睡不着，到底不如相见时争吵来得热闹。下一封信，咱们争吵好不

好？即询

全家安好

蕙君来了没有？我也想她。七妹子呢？

老太爷喜欢我底礼物不？不要回信，我到普那当电知。

地山　二月九日

三

六妹：

昨天下午四点又离开新加坡，还要一天才到槟榔屿。昨天与林元英夫妇到植物园去。前天找了几个旧朋友到游艺场玩。九点半回船，天气已不热，但没有睡好，今天有点头痛，不想吃东西，大概是晚上想事多所致。

我们到星洲那天，正值陈嘉庚公司倒闭，因为旧历年关在即，债主不肯通融，不得已要想别的方法，但除宣告破产以外没有别的法子。林元英在此，月薪约合华币一千，但不甚够用。他想回南京去。他已有两个男孩，夫人也老成一点了。

离港以前听罗文干说，日俄邦交恐怕在今年六七月间会破裂，北京听见什么消息没有？

今天是我生日，大概家里也没有什么举动。船已到了，今晚开到仰光去，三天后才能到埠。现在要上岸去寄这封信，顺便去看几个朋友。这信到时，你便可以写回信到普那去。

地山　二月十四日

四

六妹：

到仰光第三天，便又上船到上缅甸曼德来去。船走了七天，到昨天才到，现住在一家云南人开底南洋中外旅舍。什么都不方便，因为缅甸古物保存会底主任，为我定了参观底日程，料想得住三天才能回仰光去。这时候是采玉石底季候，从中国来了许多璞商，玉山离此地约有四天路程，市上有些云南人在那里卖，价钱非常便宜。买璞比较磨好底便宜，不过，好不好不管保。我很想买一两块，不晓得会上当不会？心想不买，引诱实在太大，宝山空回，是多么可惜呢！在船上又成了一篇小说，不久誊好寄回去。此地疫症正发，东西又不干净，今天起来有一点不舒服（头痛），大概不要紧。从前没觉得一个人出门难过，自从有了你，心地不觉变了。现在一天都想家，想得厉害，尤其是道中，有一个月没得你底信，心又急。我想赶到普那去，但此地可研究底东西实在多，又舍不得去。离仰光时，必打电给你。

地山　元宵在瓦城

家人都好

Mandalay是缅甸旧王都，近云南。

五

六妹：

昨从瓦城回仰光，要到本星期六，才有船到印度去，所以这信是在缅甸最后发底信了。在瓦城寄上一书说玉石很贱，那玉商非要我买一两件不可，于是我便买四颗翠玉，都是玻璃的，那大的可以镶戒指或扣针，小的做耳环。公遂说，可以用保险信封寄，所以依他底话冒险装在信里，我想你一定很喜欢。我本想买一两件给蕙君与七妹，只怕不好，反为不美，故未敢办。此地旧友很多，原定三月初到印，因为他们一留，现在就要十几才能到了。楙新功课如何，甚念。北平局势若是不好，就得早想法子。在瓦城时，有旧友林希成君想要些北京底香瓜、梨瓜种籽，他想在缅甸试种。希即到市场替他买几种，要多些，还有怎种，也请详说。林君地址即囊玉的信封上所印的，照写照寄便得。

孩子们都好？哥真想他们，更想你。老太爷顺此问候。小说稿下期寄。

我是你的哥哥　三月七日

六

六妹妹：

三月七日寄你一信并在保险信中寄去翠玉四颗，不知收到否？你喜欢吗？

你来信说北师大仍要继续聘请我教历史，记得过去上历史课时，你来到课堂坐在最后一排听我讲课。你后来对我说：“你讲课清楚，对历史分析得深透有启发，教得好！”这个评语使我很高兴，也是鼓励吧。来信说：“有些青年说历史是远水解不了近渴，不解决当前的问题。”你应对他们说，“你们要好好学习英国科学家培根说过的‘读史使人明智’，那是很有见地很有道理的。”因为历史有助于我们清理思想，借鉴历史经验检查过去，指导现实。正可以帮助我们对中国深受帝国主义侵略，沦为殖民地半殖民地的痛苦经验，也对祖国某些方面落后的原因有所了解，从事实对比中吸取教训，提高认识，激发起爱国热情，反对封建反对帝国主义，努力为祖国建设出力。读历史不是可以变得聪明起来，不是可以明智吗？你说我讲的对不对，你也是教师，应对有些青年涉世不深，生活经验缺乏、对历史不了解、容易崇洋迷外，我们当教师的，有责任指导他们。

我的好妹妹、好教师。

地山 三月十二日

七

六妹子：

到普那已经四天了，现在还是住在客栈里，一天要十个卢比左右（一卢比合大洋一元二毛）。吃底是洋餐，真难吃，又贵，早茶十二安（一元），早饭R.1.80（二元五毛），中饭R.2.00（三元）午后茶R.0.80（七毛），晚饭R.3.00（三元六毛），房钱在外，不吃还不成！此地没有别的客栈，是这家专利，栈主拿外国人都当财主，真可恶。明天或后天，巴先生才能给我想法子，搬到学校或印度公仆会宿舍去，那里要用多少，还不知道。总而言之，没有预料的那么省。前几年我住波罗奈城，一个月不过花三十个卢比，那时候卢比贱，三十卢比不过大洋二十一元左右。现在在这里算来，至少也得用八十卢比（依巴先生替我算最省的数），合大洋也得百元左右。我身边现还可以支持两个月（不算学费，我还没找着老师，学费多少，没把握）。如果××

先生的款有着，我想在这里留三个月，到六月中离开此地，用一个月功夫游历。我还不敢到处去，许多应到的地方，都候着钱才能动。

到的那天，打了一封电报，就用去十四个卢比。此后信件还是由Dr.N.B.Parulekar转，他是*Sakal*（报纸名）底主笔，如打电报汇款，写Hsotishan, C/o Sakal, Poona gndia便可达到，Sakal也是该报底电码。信封可以写详细一点C/o Dr.N.B.Parulekar, The Sakal, Poonaz, gndia。

自己一个人，钱用得真容易。我现在才理会，好妹妹你在身边，是多么大的帮助。我的口袋不能有过五元是真的，真的常常莫名其妙地便用完了。在道上理发，招得耳后长癣，花了些钱买药，现在治好了。常头痛，大概是那原故。你底腿，回家后好了没有？若不好，还得上协和看看去。自从与你分别后，只看过两次电影，一次在广州，一次在仰光。也没有什么消遣地方可去，所以每天除看书，便是写东西。《春桃》原来想名《咱们底媳妇》，因为偏重描写女人方面，那两男子并不很重要，所以改了。本来想直接寄给东华，但我愿意妹妹先看，我没第二副本，最好另抄一本寄到上海去。

我想你和孩子们，一天老没得好好用功夫，大概是相离这么久，没得你底信所致。老太爷好吗？过两天把事情安排好了，写封信给他。七妹子和蕙君好，我也想她们。我打算五月到Goa去，那是天主教的圣地，头一个到东方来传教的圣方济（St Franrisavien）的墓在那里，圣方济死在澳门附近底上川岛，教徒把他底尸运到印度来。问问她们要求什么，我到墓上替她们求去。

这纸是空邮用的，质量轻薄，名叫Airmal，大概永兴也有得卖，抄稿子最好不过。

这两天抄稿把手都屈痛了，下星期一再写。我想你的第一封信最快还得一个月左右才能到，从北京到孟买得二十五天左右。如果香港有人寄飞机信，一个礼拜可以到，路程是从平飞沪，转飞广州，寄到香港（广州不能飞香港），再飞递到印度五天左右（香港印度线是从港飞西贡、仰光、加里各搭、孟买），因为中英空邮未定约，故不能直进。

再谈罢，要去吃晚饭了。

地山　三月十九日

又，Dr.N.B.Paiuciean不久要同一个法国女士结婚，又得预备礼物。你去买一两个南京锦靠垫寄来好不好？还有王克私先生那里，你去印一张郑成功的像送给他，我不久就有信给他。

在仰光寄去的四粒翠玉，收到了没有？我想你一定喜欢那大一点的。普那底金线银线很有名，要么？

我忽然想起来，我有一个朋友的女儿嫁在香港。你若要寄飞机信，可以写信给她（用文言或英文）请她转寄。不过信皮得写“By Airmail”。从香港飞递到此地得港银五毛（五十先）。她底地址：（略）

地山　三月二十二日

八

六妹子：

二月二十一日的信已经收到，仔细看了十多遍。你没告诉我老太爷喜欢那拐杖和印色不喜欢，以后我不再送东西给他，因为他不希罕。燕京款项已函王克私及司徒二位先生，或者王先生可以帮忙说说。附上两封，一封是给那犹太学生的，他的名字叫Jacob Rabinowits。给司徒的信可以由他转，所以你只须加上两个信封便可以。

昨天搬到学校来，此校名Sir Parashviambhaa College、每月房租大概十卢比左右，吃一天约一卢比，学费二十卢比左右，其余十卢比左右。所以我身边的款还可以支二个月左右（还剩三百卢比）。我已决定六月十五左右离开此地。如有钱早些回家；没钱，不回家！你得想法子，××处已写信，也是今天寄飞机去。前信想已接到，如《春桃》稿还没寄，在最后一段，最后一句应加“过不一会，连这微音也沉寂了。”一句。

暑假后如打算搬到海甸，现在便当与谢景升到总务处交涉。祝先生婚事想已成功。

此地吃饭用手，吃不惯，买了一把叉子，一条勺子。没肉吃，个个都是吃素的，坐在地下，没椅也没桌。

地山　三月二十六日

《道教史》合同如签好，可以商量预支版税，还可以去找振铎。《说明书》请转寄。《说明》有些自吹，这便是我恨做买卖的一个原故。

九

好妹妹：

相片和信都收到了，寄相片得用硬纸夹住，不然，都折坏了，这次好在没折着你的脸，还可以挂挂。上星期的信，附给司徒雷登先生底，是要放在那犹太学生底信里，由他转，最好你还是去见见司徒。我此地足短二千元左右。近几年来，印度样样东西都贵得厉害，一个香瓜往时一安（合华币一毛六），现在卖到二安（印度一卢比合十六安，每安四铜子，铜子为单位，一铜子合三贝，但不用，1R-upte=16annas；1anua=1/4anuo）。坐一坐车得四安，真是不得了，吃底东西不好又贵，此校学生，每月膳费十五卢比（合十九元五毛左右），一天两顿，通个月没见半块肉或一条小鱼，净素，每月不改。一盘饭，一小碗加里茄，或南瓜、小椰菜之类，芋叶、香蕉花、苦瓜，黄瓜，算是好东西，不轻易吃得起。衣服一件，洗工一安。连学费算起来，总要百卢比一个月。所以这信到的时候，我底钱也就快完了。在这里有一样事顶自由，你猜是什么？平常在家，你不许我吃底东西，在此地天天大吃特吃，吃了上下都有味，他们说有益，所以我就大胆吃起来。一天洗两次澡，有时还多。里衣裤每天自己洗，比刘妈还洗得干净。此地地势很高，白天热度在一百零五左右，风是热的，像理发馆吹头发机器所出底一样，晚上倒可以过得去。

上个星期到Bhor国，这是印度还没亡底一个小国。地方不过百里。国王请我们吃大餐（坐在地上吃），又教我同他父子照了一个相。附上底照片，是那国王底父亲底陵前一条小溪，石头很好看，水很静，像镜一样。站在床后的那张，很像我父亲底样子。那蚊帐架子很特别，一面有四个钩，可以挂蚊帐，随时可以取下。照这法子，咱们底铜床也可以做，用木头做，可以叠起来，晚上支上。上头底方框，也可以拆，冬天不用可以收起来。

（附图略）

种籽一包，是此地底野花，可以交给梂新种，等我回去看。小黑籽是刺罂栗，开黄花，像虞美人，不过全身是刺，宜于种在篱笆下，可以为虞美人配种，使花底颜色改变，刺少一点。像榆钱底是一种小树，开黄花像喇叭。有毛底是蒲公英（各种颜色都有），比中国底大四五倍。还有小黄扁籽，也带絮，是小金盏，此花台湾、广东也有，不香，可很好看。

下星期再谈吧！我的亲妹妹。

哥，你的伴　四月一日

十

六妹子：

又是两个星期没接到你底信了。燕京款项交涉，结果如何？现在我身边只剩二百三十卢比左右，这月底不来钱，可了不得。上海那套《大藏经》寄到广州去没有？此地有个印度人想买。梵文教师已找着，每月束脩，大约在二十卢比，一星期三次。这两天正忙着咧。在此地又变成纯粹的素食者。印度人多半食素，除去回教徒以外，简直没有食肉底，连鸡子都要到很远去买，我有三个星期没尝过鸡子和肉底气味了。他们底素食，滋养料很充足，主要是饭、黄油，醍醐、酪。我一天吃两顿。早餐没有人吃，十一点半一顿，晚上八点一顿，下午喝一杯茶。每顿吃差不多一碗饭。两杯牛乳，一张饼，没有什么菜，稠豆浆照例有。虽然吃不多，精神却很好。

关于咱们底房子问题，交涉了没有？我想若是学校下年辞退许多教员，当局必不会给我们原先看定底那所房子（史密斯的房子）。住在南大地或东大地，未免不方便（老太爷方面）。现住底房子无论如何是不能要，因为租钱太贵，又没花园可以给孩子玩。我始终还是想住海甸。

燕京大学无线电台每星期一、五两日与仰光通电。你如要打电给我，可以请那犹太学生（刘育才）Mr Jacob Rafinowily替你打，不用花钱。打到仰光请许麾力先生给转到我这里便可以。刘育才住城里，电文得用英文，可以请蕙君写。再谈。

哥　四月九日

十一

好妻子：

今早接到你三月十九底信，心花都开了。好妻子，我知道你苦闷，我应不离开你。以后若是要到别的地方去，一定和你同行。

此地一切均已就绪，不过时间太短，恐怕学不着多少。近几天来，每想燕京底事情，以后是靠不住的。“君子见机而作”，应当早想法子。哈佛燕京社底钱，他们不拿来用在真正国学底研究上。我们几个人，除我懂外国话可以抬杠以外，其余颉刚、希白二位是不闻问底，所以我会成为他们底眼中钉。不晓得到什么时候，他们要开除我。这几天，我想到一个方法，就是自己找些钱，开个研究院……

寄去照片其中，一张是我底卧房，墙上挂着你底像，后面是我买底一个美女（画）。另二张是我在此校底膳堂里吃饭底样子。他们都坐在地上，用手抓饭吃。印度人吃饭，照例是脱衣服，赤脚。我底脚，比起他们底，是又小又白净。他们说我底脚象女人底一样（他们说美得像辨才天女底一样），但他们底女人底脚并不小，也不白净。膳堂底尽头便是厨房，你可以看见那厨子在地上烙饼，两张不同样，一张可以给文子，吃完，把盘子（请客时，用蕉叶，或别的大树叶）推进坐底方几里头，到外面洗手，吃槟榔。又一张是在澳门贾梅士纪念碑底下照的。贾梅士（Camoerns）是葡萄牙底最大诗人，明末到澳门来，在白鸽巢写他最伟大的*The Jusiad*。此诗为葡国最美的作品，所以欧洲名人，每到此瞻拜他底遗迹，石壁上刻了许多名人底题记。此片是给王克私先生底，请转给他。回家时，可以教给你洗像。（学费二百元，给得起吗？）

你底腿现在怎样啦，好了没有？我想原因是前几年在塘沽摔倒所致，并不关牙底事。英国近出了一种药，名Elaito，专治腿痛，不晓得北京有卖底没有？如没有，可请蕙君写信到伦敦去买一瓶试试，或照底下拟底信寄（去略）。此药每瓶五先令，无邮费，故寄五先令便可以。药是内服，从血液医治。到底怎样，我没见过。我在此，因为吃素底原故，没屙过血，痔疮也渐小了。我想以后，我不再食肉了，最多可以吃鸡子或肉汤。我已理会肉类对我底身体不合式。咱们都吃素，好不好？

地山　四月十五日

十二

六妹：

上函寄出后告诉你我到此一切就绪，想必你会为我心安。远隔重洋，一字值千金，望你多给我写信，以慰时刻在想念你们的游子。

记得我在一九二六年由英国回国时，特意绕道印度去拜访诗圣泰戈尔，那时我住在印度波罗奈城印度大学，搭车去加尔各答附近的圣蒂尼克泰戈尔创办的国际大学参观，同时也去泰戈尔家里看望，他是我一向敬仰的知音长者。还带回来他送给我的照片和纪念品吉祥物白磁象。交给你，你还很宝贵的收藏着。我回忆起泰戈尔肩披有波纹的长发，飘洒着美丽的银须，谈笑风生，举止优雅。他的形影至今还深刻地留在我脑里。他建议我编写一本适合中国人用的梵文辞典，既为了交流中印学术，也为了中印友谊，我回国后即着手编纂。字典稿存在燕京大学我的书房里，你空时去燕京看看该没有散乱那些卡片吧？我本想再去看看泰戈尔，告诉他我遵循他的嘱咐在编梵文辞典，他一定会很高兴的。可是我打听到他现在不在家，到别处讲学去了，也不知是去到哪里，所以我就没法去看他。我留印度不会久的，恐怕没有机会再见面了，除非他再到中国来，一九二四年他来中国时我在牛津，失去了相见的机会，所以我回国时一定绕道印度去看他。至终如愿以偿是很高兴的事。现在近在咫尺未能再见深为遗憾。真是人生聚散无常啊！我在外心里的事无可告诉，坐下来把它写下告诉你，泰戈尔是我的知音长者，你是我知音的妻子，我是很幸福的，得一知音可以无恨矣。对吗？

你底四哥　四月二十日

十三

六妹：

昨天接到你三月二十七底信，一切知道，钱如筹到，即请电汇。燕京如不再给，是真对我不住，使我对于他们更失信仰，我实在不想同他们再混下去。燕京当局老抱着一种“要则留，不要则请便”政策对付教员，这是我最反对的。来年裁底人固然有许多该走底，但也有很好的教员在里头（未见着名单，谁被裁总知道一点）。几个大头闹意见，拉拢教员，巴结学生，各树党羽。在我看来，无一是处。我想还是另找事情，北大，或南京，或广西，湖南都可以。我不再找清华了，这次要走得走远一点。前次的信所说，组织电影经理处底事，我越想越有把握，虽然我不会做买卖，我却信这事可以办。

我来此已一个多月了，对于此地风土人情也多知些。有些印度人底责任心浅薄，应许的事，每不去做。有时我得自己出马，连当差底也用不得，不好好干事，只想要钱。此地个个都以为我是财主，他们想，若没钱，怎能到外国？两三个同住底半教员半学生底印度人老是向我要这样，要那样。比如一块胰子（我不懂本地话，自己去买得到很远去，坐车得花差不多两块大洋来回），你若托他们去买，他们总没工夫，可是等我自己去买回来，他们又来借，连牙膏牙签也可以借！若是他们领我去看地方，好！什么都得我解囊！我怕得不但不敢约他们，连自己去也不敢叫他们知道。

我屋里的臭虫简直没办法，一天总要治死十几只。印度臭虫特别大。他们多不杀生，见我底行为，都很诧异。有些人身上还养臭虫，以为是一种功德，所以你如看见别人身上有臭虫，最好别去管，若不然，有时候你便要听见“由它罢，那是我养活的”。若是你不喜欢臭虫，把它拈起来，送到门外去，所以结果不是爬回来，便是到别人身上去。我在写字，臭虫满桌上爬，真像小油虫一样，走动得很灵敏，你要拈它，它马上就藏起来。

此地的蝙蝠也非常的大。每到黄昏，一群一群飞出来觅食，翅膀张起来，约有四尺，歇着的时候，就像一只小狐狸。绿鹦哥（会说话的）很多，市上卖得很贱，一钱银（合三毛多大洋）可以买一只。孔雀也便宜，十几卢比一对，不过都不好带，在半道上常饿死了。

照片四张，有一张是广州小北门外，我大姊底坟，临离开广州底前二天找到底，坟砖都被人偷了。偷者算还有良心，还留下墓碑与后土位，找到的时候，土埋到“显妣”底地方。我找人随便挖开，照了这相。其余已请叶启芳经管，修理总要五六十元（最少）。此片可以转寄给敦谷。其余三张是上星期底成绩（自洗自晒）：“象”是到远地给你买一个最好的镜框，挂上以后照底。“看书”是在我床上照底。还有一张“看书”，墙上挂底是洗姑娘底画和甘地底浮像。这样的手段，可以开照相馆吧？……

四哥　四月二十四日

十四

六妹妹：

这封信一定与二十四那封同时到，因为此地空邮提早了一天，所以上星期底信件，都归入这星期发。翠玉四块，本来不大，不能做得什么，当时也想到买些大的，只怕钱都用完，没法往前走。买璞更便宜，不过得懂，才有把握，一块可以琢成手镯之翠玉璞也不过三十盾左右，琢出来也许就值一千，也许满不是那么一会事。那四块小翠玉一共花了十四卢比（十五元左右），顶大块的十一卢比，其余每件一卢比。我到底时候正是中国商人（多半自广州来）到玉山去采璞底季候。所以有底旧货，人都争着出脱，可惜没钱，不然真可买得好的。缅甸还产红宝石和绿宝石。我知道你不大喜欢红的东西，所以没问价钱。至于怎样处置那四块小东西，我以为可以镶胸针或项串，若把那大的镶戒指，不成吗？

七妹子决意出家，我早料到，机会命运把她放在那样的生活里，你想有什么路可以走，除去当姑子以外？不过当姑子并不算什么伤心。人都得有个职业，她要专心办学，自然出家比嫁人更好。在学校当过五六年校长，不嫁，还不是和姑子一样？更好的是，若她当了正式姑子，她可以享许多利益（办事上的和学业上的），当然是好。我总想着，她若离开那样的环境，也许不至于出家，但往哪里去找更合式、更永久的事给她呢？不必伤心，提防蕙君跟她学，那是要紧。

上次寄给你的那印度女子（像），她父亲已经给她找着一个女婿，不过还没下定。此地风俗，嫁女得预备很多钱。因为女婿可以要求陪嫁（不是嫁妆），有时要求过多，娘家不能给，婚事便吹了。此女已找过几主，人家要她两千陪嫁，她父亲出不起，所以没成。陪嫁是交给女儿带过来底现款，除此以外，礼费妆奁还要。所以女儿在此真是“赔钱货”。男子可以不送聘金，得妻兼得财。我也很想干一干，你说好不好？

昨天晚上去看印度戏，是翻译欧洲底剧本。情趣与中国底新剧一样，男女合演，在他们是破天荒。

我想在六月中旬离开此地，若没钱就一直回国，若有富裕，便到各处走走（期间两星期左右）。我还没到当到的地方去咧。此信到时还可以回信，若过五月二十，请不要寄常信，信走四星期才能到此，寄飞机信或打电报都可以。

现在要到一个花园去同那女子照相。她哥哥要我代她照一个好的，为底是可以给人看。

告诉小苓这是爸爸。

丑　四月三十日

十五

妻子：

我四月二十四日去信大致说了燕京大学不是久留之地，总有一天他们会开除我。你知道，我读在燕京，我教在燕京，我生活在燕京，我尊敬燕京的老师，我爱护燕京的学生，对母校燕京是有感情的。但对燕京当局的种种措施不能容忍，我决心要离开。我告诉过你，缅甸大学邀我去教书，我又想组织电影经理处，又想办研究院。最后决定还是办一个中学切合实际，中学是基础教育，可以为高一级学校或专科学校培养后备军。而且你又是中学教师，我们同心协力建设一个最理想的中学。这个建议你赞同吗？来信告诉我。

你问我除研究梵文和印度哲学外还做些什么，你知道我一天总是在图书馆的时候多，过去在牛津大学人们开玩笑叫我书虫，书虫是蛀书的，但是读书读到深邃倒是我所乐为的，假使我的财力和事业能允许我，我愿意在牛津做一辈子书虫，做书虫也是不容易的，须要具备许多条件。我没有条件，只是抱着读得一日便得一日之益的心志。

好人！你看我的书斋名面壁斋，过去我没向你解释，就是心无二用、目无斜视的读书。这样才能专心致志，武装自己的头脑，才能广博知识，明析道理，坚持革命精神经久不惑且愈坚。

我除读书外还写写小说，过去在家里写好了你代我抄，现在写好了还要自己抄，有时抄得手腕都痛起来。我想还是把初稿寄给你，你代抄，还可以让你先看看，也可以提提修改的意见。

今日就写到这里。

地山　四月三十日

十六

六妹：

昨天才寄你一信，今天一早起来，想起了是五一国际劳动节。这个节日是我们夫妇喜庆的日子。你记得吗？是我们结婚底第六周年纪念日。不知你们在家庆祝没有？我们每个纪念日全家都照一张照片，等我回家时再照吧。

记得我在日记本上写的“风和日丽，我们幸福地开始共同生活”。你建议在中山公园来今雨轩举行婚礼，为纪念我同郑振铎等十二人创办文学研究会成立大会的所在。那些参加祝贺的朋友亲戚们如蔡孑民、陈援庵、熊佛西、朱君允和田汉、周作人等如仍在北京，有空去拜访拜访他们，也代我向他们致意。

你底好伴地山哥　五月一日

十七

六妹，好伴儿：

今天接到你四月十三日底信，想那封飞机信是丢了。昨天接北京汇来英金三十镑，大概是燕京来底，今天不能取，到明天才能知道。那封丢了底信，你大概是告诉我小说稿接到了。方才又接到上海底信，傅东华来的，说小说稿已接到，登在七月号上。上两信给你说底电影计划，进行了没有？我看是很有希望，你想怎样？哥七月底准到家，若钱来得早，早走，也许六月初离此地，游行二星期，七月中到平。

（*原信中脱落一段*）……妹看好不好？妹请人写起来，挂在卧房里，好不好？“①夫妇间，凡事互相忍耐；②如意见不合，在说大声话以前，各人离开一会；③各以诚意相待；④每日工作完毕，夫妇当互给肉体和精神的愉快；⑤一方不快时，他方当使之忘却；⑥上床前，当互省日间未了之事及明日当做之事。”还有一两条，不甚重要，不必写。妹妹，你想这几条好不好，咱们试试吧。哥实在没给妹委屈，平心而论。但以后，无论如何，咱们不会再争吵了，我敢保，我知道妹真爱我。

妹，你应当告诉我底许多事，都没告诉我，我在此地，要像在家一样知道家里底事。蕙君常来吗，老太爷心境如何？梀，为何不写信？

丑　五月六日

十八

六妹子：

等你的信，到如今还未接到，我有一点着急了。这几个月用了不少钱，只希望佛教会能津贴一点，但到如今，一点信息也没有。××先生也没回信，“轻诺必寡信”是意中事，我决定钱来便走。地方也不多走了。家里还有许多手尾未了，如道教史、厌胜钱，印度小说等等都要赶着做，所以早回家也好。此信到时，如还筹不着钱，即想法电汇四十镑做路费到上海，回家后再说。今天是十四，此信大概得六月初才能到平，所以在这封信到时，没有给你回信底时间了。香港来信说你寄去五元，信没收到，钱却收到了，等你的信哪。

昨天上狮子堡去。此堡离城不远，出海四千多尺，风景很好。那个印度女子到别底地方去了，她父亲因为有一主要求嫁妆太多，又没成功，所以又带着她到孟买去。在印度生女，真是个“赔钱货”，嫁妆论钱，并非象中国底家私，并且是给女婿的！所以一不成，为父亲的得带着女儿到处去找“主儿”。通常女子是要受男子或男家人试验和面看底。我不喜欢她哥哥和她父亲，因为他们净占我便宜，一进我屋里，能吃底，不问主人，都给吃光了。我早没想到印度是个馋地方，馋到连苍蝇也吃起盐来了！在饭厅里，我真没法轰它们，酱和油盐一不留意，准有苍蝇来光顾。虫犹如此，何况人乎！她父亲教我写信给你，寄点北京酱品来给他吃，真不客气！我没见过这样人。……

地山　五月十四日

十九

六妹子：

接到五月一日底飞递信。同时收到燕京两封，一是傅晨光先生的，一是会计处的，说的都是关于钱的事。学校只应许借，因为原许的二千美金已经用完，金水落得厉害，所以不敷。这也不能怪学校，不过借薪水在此地用，有点不上算，还是去催催×××，多少总筹一点来做路费。燕京借钱照例要算利息，你得提防，你告诉傅晨光，我把《道教史》交给商务印书馆，他写信来说我应当先问哈佛燕京社要不要，因为所有我的作品，哈佛燕京有权先印。这一来，连小说都要算在内。咱吃他几百块，还要吐东西还给他，实在有点不愿意。我要写信给傅晨光先生，如果学社要，得给钱。告诉吴文藻先生，说不要给我定功课，我来学年不教书。我真想自己出来干一干，燕京是靠不住的。

钱到得早时，我准于六月中（此信到时）离开孟买，一直到香港。我还要回漳州把那些东西带回家，所以七月十日左右便可以到家。至于写信怎寄的问题，我以后定了船期，你便可以由船公司转。以后再告诉你吧。近来心烦得很，有时自己生气。

哥　五月二十一日

二十

六妹子：

五月九日和十四日的信都接到了，我现在只等款，款一来，马上就走。这封是最后的飞机信，此后还是每星期一给你信，你可以不必回信。若我的船位定好了，你可由飞机递到各埠船公司转给我。

写信给老太爷，我自从到这里来，一步也没走开，没什么可报告的。许多地方应当去的都还没去。上星期赶着雨季之前到阿前多和伊罗去参拜佛教遗迹，用了一百元左右。在伊罗洞外约十里的丛林中遇见一只约一丈长（连尾巴）的大豹，险些性命丢给豹做大餐。那天（五月廿七）在道上遇见许多小野兽，因为洞离城市十七英里，我同一个学生坐马车去底，马车走三点钟才到。回来时，日已平西，过那丛林，已不见太阳，正是猛兽出来找吃的时候。车上三个人，一面走一面谈，忽然车夫嚷说：“看！老虎在道上走！怎办？”那时已是黄昏后，幸亏是月明时候，车夫也有经验，他说：“坐定了，提防着！”把马鞭了一下，走近那大豹约十码之地，车夫鞭车篷，发出大响声。那豹一双大眼睛看着我们，摇着尾巴，慢慢走到溪边去了。车夫看的是老虎，我看的是豹，可惜光不足，不然照一张相片回家，多么有意思！当时并不觉危险，事后越想越玄，几乎晚上都睡不着，回家躺了好几天。那同走的学生太不关心，在走以前，我买了一本指导书（本地文）教他先看，看明白了再走，他没看。到那晚上，回家，他才翻起来看，说：“指导书里也说在太阳未落山以前就得离开洞口，道上时常有野兽来往。”我听了，真是有气。印度人底不负责任，从这一点就可以看出来。还有一种爱占便宜底习惯，更令人看不惯。这宿舍，因为暑假，只住着四个人（连我算），那三个人，短什么东西，都到我屋里来借、来取，像我是他们底管家。胰子、牙膏、洋蜡、墨水、邮票、信封、信纸等等，凡日用所需，应备底都不自己去买，等我买回来，他们要现成。有时自己有，留着，先用别人底。有一天，出门，用旱伞，那个女学生底哥哥来说：“请把旱伞借我使使。”我说：“我底旱伞有一点破，不好使，你还是使你自己的罢。”因为我知道他有。他说：“我底也有点破，反正你是要修理底，多裂一点，并不多花钱。”从我手里硬夺过去。你说世上真有这样人！出门去玩，吃东西，坐车，若是用他们的钱，回家一个子也算得清清楚楚，若是用我底，就当我请了客！在这里住底，个个家里都是十几廿万家事底子弟，还是这样酸，其他可想。所以这几个月，住在此地，天天都有气，我又面软，不便说什么，又不愿意得罪他们，这使他们想着我比他们更有钱。

燕京底房子，是不是“四美轩”或“三松堂”后面底那座?没自来水，可以把现在的抽水机移出去，钱要燕京花，把那水机送燕京都可以，但要高水池和水管。海甸地低，用不着打多深，所以水柜可以放在房顶上。

《藏经》消息又沉了，我想还是找李镜池，分期交款办法本可以办，你主张（一次交款）不成，也许他们不要了，你可写信到上海。叫有骞先把书寄去，我到广州再同镜池交涉，或是你写信给镜池，应许他分期交款，看他怎回答。那书不卖，恐怕以后越难出去。日本金水跌得低，他们也许可以直接去订。

我定十五六离开此地，到孟买去定船。看这光景，是不能游历了。到现在钱还没来，教我真没办法。这次买船票先到香港广州再住几天，转回漳州，把几盆兰花带回来。我还要到南京去，找几个朋友。所以顶快也得七月中才能到家。

我身边只剩下三百卢比，若买三等票，也可以到香港。这两天就得定船位，下星期若钱还不来，真得定三等。日本船便宜，可不敢坐。欧洲船三等，不晓得怎样，还得打听。如有美国总统船，三等也可以。大概我会搭三等回家，我想我没来由借钱坐二等。

再谈吧。

地山　六月九日

正要发信，又接你五月十五底信，知道燕京许补一千。我想这便够了，不必再求什么人了。佛教会，有也好，没便罢，用人底钱又得为人做报告。汤芗铭先生可以去见见。××底话是靠不住底，他也是找朱子桥。

二十一

六妹子：

五月二十八底信收到了，我定于后天到孟买去，过几天再回普那见见甘地，然后到戈亚为七妹子和蕙君求福去。从戈亚再到麻德拉斯探探古黄支国底遗迹，有工夫再到南海普陀落迦山（真普陀山）去拜拜观音菩萨。从普陀山到那伽拔檀城搭船到槟榔屿，大概这个月底可以到槟榔，从那里渡海到苏门措拉拜先父

（你底公公），和祖宗的墓，再回到槟榔屿候船回国。在槟榔屿有中国船往来厦门、仰光间，二等船不过一百元左右，所以为省钱起见不得不等。我会住在旧友陈少苏先生家里，若是船期不合式，也许住长一些，但最多不过两星期，不用花什么钱，时间是现成，住几天怕什么？七月中准在广州，住一两天，回厦门取东西，住两三天，有船便走，大概得七月底才能到家。七月中你可以寄信到香港陈作熙先生处转给我。我上船把行李放在他那里，进广州去一下。何椿年要我带些南洋果种，去交割清楚，马上上船。也许随着原船到厦门（中国船在香港多半停三天）。槟榔屿地址，可以不必给你，因为写信来不及。但万一有要紧事，要打电报，即将陈少苏先生转（地址略）。英文用厦门话拼音，南洋以福建话为国语。五妹回家有何贵干？恐怕我到平，蕙君已回青岛去，你留着她，等到我回来好不好？我也要到山东去一去。因为我这次底游记，用孔子做主角。我是跟孔子游历底人，书名大概就用《孔子西游记》。漂亮不漂亮？内容丰富，裕有兴趣，没眼睛底可以不用看。曲阜没到过，所以头一章还没动手。

我已打电给燕京，叫把款电汇来此，我就用这三十镑做路费了，别的财源恐怕要等到黄河清才能出现吧。

此信由陈作熙转飞递，想可早到。方才看报，日本副领事在南京失踪，恐怕又要出乱子。

地山　六月十三日

二十二

六妹子：

因为燕京底钱来迟了，昨天开的船搭不上，又要等两个星期才有船，你看这耽误多少事！我定底是十六离开此地，十九在麻德拉斯上船（普那到麻德拉斯就像北京到上海那么远），到昨天才接银行底通知单，今天下午去取，无形中叫我损失两镑电费，还加上两星期的用费。到槟榔后，船期又不一定，也许还要等两个星期。中国船便宜，我不得不等，所以顶快得八月初才能到家，越想越有气。现在定二十四离开此地到戈亚去，十七八到麻德拉斯，七月三日下船，十二到槟榔屿，假如十五六有船，那就最好不过，不然，要等到二十几也不一定。那时候，恐怕路费又不够了，怎办？出外耽误一天，就会生出许多意外的麻烦。本来可以从孟买走，不过从那里走的都是大船，价钱贵得多。日本船不敢搭，不然，本月二十六有一只到上海去。

离开麻德拉斯不再打电了，打一次得花二十元左右。到槟榔屿给你寄飞机信，但在七月十三日左右准在槟榔，有信寄前信所给地址便可以。

地山　普那六月二十日

二十三

六妹：

戈亚底信想已收到。到麻城已三日，船明天走，十三到槟城，住几天，再到日里去省墓，离槟城时当在本月底也。（谁教你不寄钱？）

在戈亚，买了些东西给七妹子和蕙君，在麻城买了些给文子和小苓底东西，花了二十多卢比，回家要同你算帐。此地人心太坏，动不动就要赏钱，车夫随时随地都想介绍女人给你，他说：

“又省钱又美，先生也找一个罢！”可惜你没来，不然咱们可以多看些怪像。

昨天到古黄支国去，走了一天，到深夜才回来。今天下午青年会要我谈中国，义不容辞，就得卖力。还是普那那位咱们送他东西底Paru Lekar先生好，临走时送我五十大卢比程仪，了不得的人情，若没有他送我底那笔钱，戈亚是去不了底。

再谈罢。多等几天，吾就到家了。

你的哥　七月二日

二十四

六妹子：

在船上十天，十二到槟榔屿，二十左右有一只船（中国船）到厦门去，所以得在此地候十几天。我打算下星期二（十七）到棉兰去看父亲的坟墓，十九回来搭船，一切都已办妥了。进荷兰属地要钱和人担保，钱是合中国钱二百元，人要殷商。我身上只剩一百元左右，朋友已为我想了法子。中国船我可以坐三等，到厦门不过七八十元，可是慢，比英法邮船要迟到一个星期，钱又省一百多，大概在二十七八船能到香港。你有话可以由陈家转。

仰光大学要我去当汉文教授，我暂时不发表意见，先回家看看情况再说。此地风景极佳，全岛十分之八是中国人，以福建人为多。我住底地方是中国人开的中学（钟灵中学），位于Macatister st，许多国民党要人都在此住过，因为本来是间革命党的阅书报社。

中国情形，阅报可知一二。

即颂

时祉

地山　七月十四日

二十五

六妹子：

昨天到棉兰，看看父亲的坟地，那地点虽然不错，可是坟做得太坏，连碑字都刻错了。老二当时在这里，我不晓得他监的是什么工。看报知道刘半农于前天逝世，他曾应许我要给我厌胜钱看，他收底也很多，恐怕他身后家里底人又卖出去。（原信缺）……

今天搭船去槟榔屿，明天有船开厦门，是一只中国船“丰庆”。我买底是统舱，大概十几块钱便可以从槟榔到厦门。若搭外国船，一定不能坐三等，二等最少也得二十五镑，你看差多远。不过此船很慢，比起外国船要迟到三四天，船又老，在海上常出险。除此以外，倒没什么。若是明天开船的话，十一到得了新加坡，三十左右到香港，八月三日左右到厦门，到漳州取兰花，住三两天，有船到上海便走，大概十几才能到家，等着罢。（这是大熬人！）意大利船从新加坡五天可到上海，多快！

在苏门答拉棉兰爱同俱乐部

地山爷　七月十八日

二十六

六妹：

今天到香港，接你催人回家的信。当然不敢在外久留，船明天开厦门，大后天（八月一日）可到。到厦门有船便走，大概芒沙力或芒沙丹尼走星期五，所以下下星期一（六七号）可到上海。如船到得早，便赶车直上北京。此行带了一个新加坡的华侨学生，姓林底，他哥哥底意思是要他住在咱们家里，他要考清华或燕京。我想你叫作新想想法子，住辅仁也成。这林姓学生纨绔气很重，不过他哥哥是老二和我底老朋友，大义难辞，得为他想法子。海行十余天，有点疲，今天打算住客栈（香港大雨，弄得我像落水鸡。现在陈作熙先生处，他家没地方），别的朋友也不想找了，麻烦人家，有点过意不去。也许我到家时此信还没到呢，漫写而已。

老太爷到底是什么病，要紧不？等我回来，他也许好了。

专此敬颂

妆安

地山　七月二十七日

（选自周俟松、杜汝淼编《许地山研究集》，
南京大学出版社1989年5月版）

《落华生舌》弁言

自二十岁时投笔不做诗词，于今几近十年，中间虽有些少作品，多是情到无可奈何才勉强写了几句，但以其不工而无用，故未录入册子，任他们失散。

年近三十，诗兴复现，但所写总嫌不工，故造作虽多，仍无意把他们写在册上。方才梦见爱妻来，醒后急翻书箧，得前年所造诗，翻诵许久，不觉泪下，于是把他录下，做为第一首。更选记忆中的旧作为自己所爱的抄下，没事时可以自己念念。

妻不会作诗，而好念诗，更喜欢听人念诗。记得我们的婚筵散后，她还念了许多古诗给我听。我得罪她的时候，她就罚我做诗或念诗给她听。可惜她死得太快了，许多新作家的好诗，她一首也没听过。

我不是诗人，我直是个歌者。我所做的与其说是诗，不如说是讴。

1923年6月16日

《达衷集》弁言

《达衷集》残本两册，现藏英国牛津大学（Oxford University）波德利安图书馆（Bodleian Library）。中华民国十五年春，罗志希先生从巴黎写信到牛津去，教我用些闲余的工夫，把藏在图书馆里重要的中国文件，抄录下来。这书是东印度公司在广州夷馆存放的旧函件及公文底稿，于中英关系的历史上，可以供给我们许多材料，所以我就用了四个星期的工夫，把他抄下来。

这两册在目录上并没有名字，只作Ms.Chin.C.23。我在抄录的时间，发见了夹在《上海事情》中有“尺牍类函呈文书达衷集卷中”的标题和目录，才知道他的原名。书中页数残缺了不少，文字句义也有很多错漏，若不标点，便很难读。所以我把他校点过，把错漏的字句，依所了解的增补校正一遍。书分三卷，乃因其中有“卷中”字样，其实只是两卷，第一卷是胡夏米（Hugh Hamilton Lindsay）的货船安（？Anne见《琉球事情》，胡夏米《上中山府书》）因为不愿意在广州贸易，把船驶到厦门、福州、宁波、上海、威海卫、朝鲜，及琉球去，沿途与各该处的官吏及商人往来的文件；第二卷应从原本卷中的《广州事情》

起，汇录乾隆、嘉庆二朝公班衙与广州督抚关部等交涉的案件。第二卷比较重要，因为我们从中可以寻出租界、领事裁判权，及外国金融在中国发展的历程。当时中国官吏的糊涂，每于公文中显露出来。这本书当与模斯的《东印度公司对华贸易编年史》（H.B.Morse; *The Chronicles of the East India Company Trading to China*,1635—1834,1926,Oxford）参照着读，因为里头有很多事实，是模斯所未采取的。

中华民国十七年七月，许地山识。

（录自《达衷集》，商务印书馆1931年4月版）

《佛藏子目引得》弁言

佛教典籍浩如渊海。前此学人或依目录检读，或凭记忆翻查经品，每每费时渎神，徒劳无获。目录本来不为检查底用处，而《大藏》索引以前并没有人编过，致学佛者时起望洋之叹。在旧籍里，稍微可以用来当做索引底，有梁宝唱《经律异相》，唐道世《法苑珠林》，唐道世《诸经要集》，李师政《法门名义集》，宋道诚《释氏要览》，法云《翻译名义集》，明一如《大明三藏法数》，圆瀞《教乘法数》等，这些都是用分门别类法和数目法编成，实际上只是类编并不是索引。日本川上孤山《大藏经索引》三册，也是类编底一种。

索引不容易编，多因没有标准版本。自《大正新修大藏经》刊行后，我便希望刊行会诸君在本文出完后，刊行全藏索引。民国十八年春天，清华大学图书馆刘廷藩先生，本校图书馆田洪都先生，同时要我为图书馆编《大藏经》细目。那时我知道完全的目录，像《昭和法宝总目录》一类底书在《大正大藏经》刊圆以后必会出现，又听说刊行会不刊索引书，因此扩大我底工作为《佛藏子目引得》。正在进行写片子底时候，美国哈佛大学图书馆裘开明先生于民国十九年将他编底《大正藏》前五十五册底目录片子寄到燕京大学图书馆，拟由燕大图书馆继续工作，将《续藏经》及《大正藏》全部底目录版子编就复印，以供两馆之用。洪煨莲先生以为抄片排列之事可由引得编纂处办理，教我加入编纂底工作。当然我知道详细的索引不容易由一个人来做，并且我又不能专工编辑，做下去定会稽延时日。于是略定范围，将这部《引得》底内容分为五部。第一，《撰译者引得》；第二，《梵音引得》；第三，《经品名引得》；第四，《旧录引得》；第五，《史传引得》。所选底标准本为《大正藏》，此外加入《续藏经》，《卍字藏》，和《弘教藏》。后三藏只作参照底用处，子目底页数，只记《大正藏》。

《旧录引得》和《史传引得》是本书最重要的部分。所谓旧录是指中国佛藏中现存底旧目录，计有梁僧祐《出三藏记集》（天监间出，约当西历五百十余年顷），隋法经《众经目录》（西历五百九十四年），唐费长房《历代三宝记》（西历五百九十七年），彦悰《众经目录》（西历六百零二年），静泰《大唐大敬爱寺一切经论目》（西历六百六十三年），道宣《大唐内典录》（西历六百六十四年），《续大唐内典录》（同前），靖迈《古今译经图纪》（西历六百六十四年），明佺《大周刊定众经目录》（西历六百九十五年），智昇《续古今译经图纪》（西历七百三十年），智昇《开元释教录》（西历七百三十年），圆照《大唐贞元续开元释教录》（西历七百九十四年），《贞元新定释教目录》（西历八百年），南唐恒安《续贞元释教录》（西历九百四十五年），元庆吉祥《至元法宝勘同总录》

（西历一千二百八十七年），王古《大藏圣教法宝标目》（西历一千三百零六年），明《永乐大明重刊三藏圣教目录》（西历一千四百二十年），智旭《阅藏知津》（西历一千六百六十四年），清《大清三藏圣教目录》（西历一千七百三十八年）。这里头最重要的是《法经录》，《开元录》和《至元录》。至于佚掉底目录，如东晋道安底目录（简称《安录》，俱称《综理众经目录》，成于西历三百七十四年），梁僧绍《华林殿众经目录》（西历五百十五年），宝唱《众经目录》（西历五百十八年），元魏李廓《众经目录》（西历五百三十二至四年间），隋智果《诸经目录》等，除《安录》散见于《出三藏记集》外，其余都无从稽考。现在把所存底经律论目编列在一起，使学者便于检查。《旧录》多入《大正藏》第五十五卷中。《史传引得》录隋费长房《历代三宝记》，宋志磐《佛祖统纪》，元念常《佛祖历代通载》，明觉岸《释氏稽古略》，幻轮《释鉴稽古略续集》，高丽一然《三国遗事》，梁慧皎《高僧传》，唐道宣《高僧续传》，宋赞宁《宋高僧传》，明如惺《大明高僧传》，梁宝唱《比丘尼传》，《神僧传》，高丽觉训《海东高僧传》，清喻谦《新续高僧传》，及其它与佛教有关底碑传。

自并入引得编纂处工作以后，想不到时间金钱都超出原来预算之外，所以现在先将编就底三册刊行，其余《旧录》与《史传》两册由李书春先生继续编排，随后刊出。

依我所知，这部书是汉文《佛藏》底第一部引得。《法宝义林》别册所附底经名人名索引只限于《大正藏》前五十五册，与《昭和法宝总目录》差不多；它底自身并不是引得。这书若论完备，当然还够不上；对于不读汉藏底西洋学者固然也没有用处。谢谢洪煨莲先生底厚意使这部书能够出世，使中国底学者多一部工具书。我相信和希望这《引得》不致于无用。我当谢谢引得编纂处李书春和其他各先生，在这过去二年中底帮忙。用引得底人不必要读序文，自然也知道它底用处。如果有什么疑惑，请读叙例。

民国二十二年五月三十日，许地山识于燕京大学。

（录自《佛藏子目引得》第一册，
哈佛燕京学社1933年3月版）

《解放者》弁言

我不信文章有绝对的好坏。好坏只系在作者底暗示与读者底反应当中。对于一篇作品，除非每个读者底了解相等和思想相近，定不能有相同的评价。所以作者在下笔时当然要立定文心，就是自己思惟：“我写这篇文字要给谁看”，和“我为什么要写这篇文字”这两个问题。他不要写给文盲者看是一定的，因为不认得字也就毋须读了。他底意想的读者是思想暗，感情暗，意志暗，道德暗底人们，是思想盲，感情盲，意志盲，道德盲底人们，是思想闷，感情闷，意志闷，道德闷底人们。但他不是写自然科学，不是写犯罪学，不是写心理学，不是写恋爱学，不是写社会学，不是写道德学，不是写哲学，乃至不是写任何学术。他只用生活经验来做材料，组织成为一篇文字，试要在个人的生活经验和观察中找寻他底知音者。他不计较所作底成功或失败。他直如秋夏间底鸣虫，生活底期间很短，并没有想到所发底声音能不能永久地存在，只求当时底哀鸣立刻能够得着同情者。他没有派别，只希望能为那环境幽暗者作明灯，为那觉根害病者求方药，为那心意烦闷者解苦恼。作者能做到这地步，目的便达到了。

年来写底不多，方纪生先生为我集成这几篇，劝我刊行，并要我在卷头写几句。自量对于小说一道本非所长，也没有闲情来做文章上的游戏，只为有生以来几经淹溺在变乱底渊海中，愁苦的胸襟蕴怀着无尽情与无尽意，不得不写出来，教自己得着一点慰藉，同时也希望获得别人底同情。如今所作既为一二位朋友所喜，就容我把这小册子献给他们。

民国二十二年一月落华生四十生日述于北京

（录自《解放者》，星云堂书店1933年4月版）

《道教史》弁言

此本不能说是著作，只将前人及时人研究底结果总撮起来，做为大学参考底书。本分上下，上编述道家及预备道教底种种法术，下编述道教发展中教相与教理。全书创见极少，成见也无，不完不备，在所难免，望读者赐教。

民国二十三年二月编者识于

广州中山大学图书馆

（录自许地山《道教史》上册，商务印书馆1934年6月版）

《女国士》后记

薛仁贵底名字全国都知道。关于他底事迹底戏剧很多，现存最古的剧本也许是在元曲里的《薛仁贵荣归故里》杂剧。本剧底人物，除宝奴以外，都是从这剧本取出的。近代许多戏剧，所演出的薛仁贵都是根据《说唐后传》《征西演义》《薛家将平西演义》等书的故事。但薛仁贵底从军是由于他底妻柳氏底劝勉，从前的作家都忽略了这一点。《新唐书》（卷一百十一）本传载："薛仁贵绛州龙门人，少贫贱，以田为业，将改葬其先，妻柳曰：'夫有高世之才，要须遇时乃发。今天子自征辽东，求猛将，此难得之时，君盍图功名以自显，富贵还乡，葬未晚。'仁贵乃往见将军张士贵，应募至安地……"柳氏在《新唐书》里没有名字，通俗称她为迎春，不知所本。仁贵小名驴哥，虽不见于《新唐书》，在元曲里却是用这名字。今京剧《汾河湾》作薛礼，"礼"也是"驴"底变音。本剧注重在柳氏劝夫投军，其他脚色不过是陪衬而已。

此剧系为香港大学女生同学会演剧筹赈写的，排演时有些地方是女生鲍××女士底暗示。布景系陈××先生所设计，顺在此处致谢。

1939年1月

《题唐南注公手迹》有序

堃先世于明嘉靖间，自揭阳东入鲲海，为台湾最古住户之一，乙未之变，先父在台南领兵防匪，部署粗定，而台北莠民资敌，情况转劣，唐公不得已，挂冠内渡，民主国亦随之沦没，寅恪同事，近以公手迹见示，且命题识，敬涂芜句，用寄感喟，词拙字劣，希能宥之。

自立民声压怒雷，何端天意竟难回，
鸡峰陷没鲲洋沸，一去东溟永不归。

（原刊1939年3月27日《立报》）

《凶手》编后语

这两幕话剧是依据元曲《杨氏女杀狗劝夫》杂剧改编的。《杀狗记》是元代四名剧之一。它所以负盛名的缘故也许是由于情节有趣，虽然词藻不甚典雅，也妨碍不着它。编者以为剧中底女主人杨氏可以算是中国女子底一种典型，“所谓贤慧妇人”，故尝试地把她重新描画一下。贤慧的女子如果要干涉她丈夫底生活，教他走上正常的轨道，不上下流官吏和劣等书生的当，我想，最好是学学她底智慧与手段。能够这样，家庭与公众底生活当要清洁得多。

1940年4月

（原刊1940年10月《宇宙风》半月刊百期纪念号）

《萤灯》小引

萤是一种小甲虫。它底尾巴会发出青色底冷光，在夏夜底水边闪烁着，很可以启发人们底诗兴。它底别名和种类在中国典籍里很多，好像：耀夜、景天，熠耀，丹良，丹鸟，夜光，照夜，宵烛，挟火，据火，炤磷，夜游女子，蛢，炤，等等都是。种类和名目虽然多，我们在说话时只叫它做萤就够了。萤底发光是由于尾部薄皮底下有许多细胞被无数小气管缠绕着。细胞里头含有一种可燃的物质，有些科学家怀疑它是一种油类，当空气通过气管的时候，因氧化作用便发出光耀。不过它底成分是什么，和分泌底机关在那里，生物学家还没有考察出来，只知道那光与灯光不同，因为后者会发热，前者却是冷的。我们对于这种萤光，希望将来可以利用它。萤底脾气是不愿意与日月争光的。白天固然不发光，就是月明之夜，它也不大喜欢显出它底本领。

自然的萤光在中国或外国都被利用过。墨西哥海岸底居民从前为防海贼底袭掠，夜间宁愿用萤火也不敢点灯。美洲土人在夜里要通过森林，每每把许多萤绑在脚趾上。古巴底妇人在夜会时，常爱用萤来做装饰，或系在衣服上，或做成花样戴在头上。

我国晋朝底车胤，因为家贫，买不起灯油，也利用过萤光来读书，至终成为大人物。古时好奇底人也曾做过一种口袋叫做聚萤囊，把许多萤虫装在囊中，当做玩赏用底灯。不但是人类，连小裁缝鸟也会逮捕萤虫，用湿泥黏住它底翅膀安在巢里，为的是教那囊状的垂巢在夜间有灯。至于扑萤来玩或做买卖底，到处都有。有些地方，像日本，还有萤虫批发所，一到夏天就分发到都市去卖。隋炀帝有一次在景华宫，夜里把好几斛的萤虫同时放出才去游山，萤光照得满山发出很美丽的幽光。

关于萤底故事很多。北美洲土人底传说中有些说太古时候有一个美少年住在森林里，因为失恋便化成一只大萤飞上天去，成为现在的北极星。我国都以为萤是腐草所变底。其实萤底幼虫是住在水边底，所以池塘底四周在夏夜里常有萤火点缀着。岸边底树影加上点点的微光，我们想想，是多么优美呢。

我们既经知道萤虫那样含有浓厚诗意，又是每年底夏夜在到处都可以看见底，现在让我说一段关于萤底故事吧。

（录自许地山《萤灯》，香港进步教育出版社1948年6月版）

《桃金娘》小引

桃金娘是一种常绿灌木，粤，闽山野很多，叶对生，夏天开淡红色的花，很好看的。花后结圆形像石榴的紫色果实。有一个别名广东土话叫做“冈拈子”，夏秋之间结子像小石榴，色碧绛，汁紫，味甘，牧童常摘来吃，市上却很少见。还有常见的蒲桃，及连雾（土名番鬼蒲桃），也是桃金娘科底植物。

（原刊于1941年7月香港《新儿童》半月刊第1卷第4期）

我对于译名为什么要用注音字母

我用注音字母翻译外国底名字，有几个朋友对我说爱阅本报诸君对于这事有好些不满意，教我把理由述说出来让大家批评批评。我得了这个信，就狠喜欢，因为我早就想把他提倡，不过我以为这不是第一要紧底事，所以搁住许久不曾提起。现在既然有人对我发疑问，我就不得不说啦。我所主张底理由就是：

（一）离本来的音最近　要在本国底文字里头找一个和外国音相近底字本来不难，因为所有底音都离不了“牙”“舌”“唇”“齿”“喉”几个声根，然而在中国字上头却不容易。中国底读音不统一，同一个字在这地方舌音，在那地方就变成牙音；在这地方是轻唇音底，那地方又变成喉音了。所以在汉字上要找一个五方不变音底字是绝无仅有底。若是说以国语为标准，恐怕写底用国音，读底还是土音，结果那国音底效用也要丧失了。我想对于译名用汉字，非得将来读音统一，规定译“a”用某字“b”用某字“c”用某字之后才可以办，现在还早着哪。现在可以用底只有注音字母和照原文写上。注音字母以音为主，对于喉变唇，舌变牙的弊病自然不会发生什么关系。至于用原文写上去的话，我觉得他的不便比用汉文更甚，那不认识外国字的人可就没有法子办了。不但如此，就是会外国文的人也有不方便的地方，因为兼通六七国的文字的人很少，各国的字有许多同形不同音，同音不同形的，看书的人对于这样的景况可就没有法子念了。

（二）字体一律　字体不一律，就要教看书的人费好些工夫去查考，所以要教念书的人对于译名容易理会和节省注意的力量，就当用一定的字体去写。古时译书的人也是很明白这个道理的。我们知道，“华严四十二字母”就是中国人用来规定译名最早的字，但是其中也有许多缺点。——好像“娑迦二合”和单用的“娑”字“迦”字没有分别，“沙”字和“娑”重复等等——初看佛书的人有时将一个人做几个人看，那原故是因为所用的字不一律，念的音有一点不同，就弄到“差之毫厘，谬以千里”。比方须菩提有时作须摩提，薮浮帝，薮部底；憍梵钵提有时作伽梵婆提，憍梵婆提，笈房钵底;这些同人不同写的名字除了那些常读内典的行家能够知道以外，平常的人恐怕就不理会了。新译的书所用的字也是犯这个毛病。Tolstoi有托尔思泰，杜思台，托尔思台，多尔斯梯的写法；Darwin有达尔文，多尔温，达威的写法，Euclid有欧克烈，欧几里德，优克里德，游几烈的写法；这些人的名字差不多天天要接近我们的眼帘的，你看那么平常的译名还有如许变化，那不常见的人名，可不教人摸不着头脑吗？如果用注音字母把他写出来，对于字体一律的问题自然不会发生什么阻碍。

（三）容易忆写　大概在写字台做工夫的人都是很忙的。有一个新名字来了，想把他翻成汉文，有时想了大半天也不曾想出一个很合式的字来，这都是因为个人所操的方言不同，既然不敢用自己的方言写上，对于国音又很怀疑，所以写出来的译名都不能十分切当。有些人还要用中国的姓氏字去翻译外国的人名，结果就到一个“削趾适履”的地步。在学校内好些学生都说外国的地名和人名最难记，其实在记忆里头本来没有什么分别，因为译书的人太费工夫穿凿，致有这种困难。若是用注音字母就可以除掉译者和读者的时间的浪费，和记忆的不便，因为注音字母的写法简单，写的时候，一定没有困难的。

我因为想到这几件事，所以对于译名要用注音字母。有人说注音字母现在不大通行，写出来恐怕人家不懂得。我早也想到这层，但是我们既然承认读音统一是当急之务，注音字母是传播文化的新器具，个个人就当快快的把他学会才是。我想一个人用两个钟头的工夫就可以明白了。

外国的字音在注音字母里头也有些翻不出来的。好像“th”的音在中国本来没有，不论如何，我们不能找出一个最合式的字来。“d”和“r”也没有很切当的字和他们相合。虽然如此，注音字母在比较上总比汉字好得多。现在可以把注音字母和罗马字母的对译表列出来。

	罗	注	备考
	B	ワ	b在并母，注意字母没有专字，所以借帮母的ワ
	C	ㄙ，ㄎ	
	ch	ㄐ	
	oh	ㄍ	
子	D	ㄉ	d在字母没有专字，借端母的ㄉ
	F	ㄈ	
	G	ㄍ，ㄐ	
	gu	广	
	H	ㄏ	
	hs	ㄒ	
	J	ㄖ	
	K	ㄍ，ㄎ	
	L	ㄌ	
	M	ㄇ	
	N	ㄋ	
音	P	ワ，ㄆ	
	Q	ラ	
	R	ㄦ，ㄖ	
	S	ㄙ	
	sh	ㄕ	
	T	ㄉ，ㄊ	

	罗	注	备考
	ts	ㄗ，ㄘ	
	V	ㄪ	
	W		用母音底X
	X	ㄙ	
	Z	ㄙ̱	
母音	A	ㄚ	
	E	ㄛ，ㄝ	
	I	ㄧ	
	O	ㄛ	
	U	ㄨ，ㄩ	
双音	ai	ㄞ	
	ao	ㄠ	
	ei	ㄟ	
	ou	ㄡ	
此外有ang底ㄤ，an底ㄢ，en底ㄣ，eng底ㄥ，都可以看本字的情形去用。			

我作这个表不是要和读者诸君讲“小学”，不过是拿他来做译名的标准而已。列位如果对于译名有高见，不妨快点发表出来，教译书和看书的人轻省一点，可就“功德无量”！

译名如英吉利等字，习惯当用的，可不必改切注音字母。若译名歧异过甚的，则为省大家的辩论及记忆起见，虽有旧译也须另易为注音字母，这一层因上边没有机会讲到，所以补志于此。

（原刊于1920年2月21日《新社会》第12号）

创作底三宝和鉴赏底四依

雁冰，圣陶，振铎诸君发起创作讨论，叫我也加入。我知道凡关于创作底理论他们一定说得很周到，不必我再提起，我对于这个讨论只能用个人如豆的眼光写些少出来。

现代文学界虽有理想主义（idealism）和写实主义（roalism）两大倾向，但不论如何，在创作者这方面写出来底文字总要具有“创作三宝”才能参得文坛底上禅。创作底三宝不是佛、法、僧，乃是与此佛法僧同一范畴底智慧，人生，和美丽。所谓创作三宝不是我底创意，从前欧西的文学家也曾主张过。我很赞许创作有这三种宝贝，所以要略略地将自己底见解陈述一下。

（一）智慧宝　创作者个人的经验，是他的作品底无上根基。他要受经验底默示，然后所创作底方能有感力达到鉴赏者那方面。他底经验，不论是由直接方面得来，或者由间接方面得来，只要从他理性的评度，选出那最玄妙的段落——就是个人特殊的经验有裨益于智慧或识见底片段——描写出来。这就是创作底第一宝。

（二）人生宝　创作者底生活和经验既是人间的，所以他底作品需含有人生的原素。人间生活不能离开道德的形式：创作者所描写底纵然是一种不道德的事实，但他底笔力要使鉴赏者有“见不肖而内自省”底反感，才能算为佳作。即使他是一位神秘派，象征派，或唯美派底作家，他也需将所描那些虚无缥缈的，或超越人间生活的事情化为人间的，使之和现实或理想的道德生活相表里。这就是创作底第二宝。

（三）美丽宝　美丽本是不能独立的，他要有所附丽才能充分地表现出来。所以要有乐器、歌喉，才能表现声音美；要有光暗，油彩，才能表现颜色美；要有绮语，丽词，才能表现思想美。若是没有乐器，光暗，言文，等，那所谓美就无着落，也就不能存在。单纯的文艺创作——如小说，诗歌之类——底审美限度只在文字底组织上头；至于戏剧，非得具有上述三种美丽不可。因为美有附丽的性质，故此，列他为创作底第三宝。

虽然，这三宝也是不能彼此分离底。一篇作品，若缺乏第二、第三宝，必定成为一种哲学或科学底记载；若是只有第二宝，便成为劝善文；只有第三宝，便成为一种六朝式的文章。所以我说这三宝是三是一，不能分离。换句话说，这就是创作界底三位一体。

已经说完创作底三宝，那鉴赏底四依是什么呢？佛教古德说过一句话：“心如工画师，善画诸世间。”文艺的创作就是用心描画诸世间底事物。冷热诸色，在画片上本是一样地好看，一样地当用。不论什么派底画家，有等擅于用热色，喜欢用热色；有等擅于用冷色，喜欢用冷色。设若鉴赏者是喜欢热色底，他自然不能赏识那爱用冷色底画家底作品。他要批评（批评就是鉴赏后底自感）时，必需了解那主观方面底习性，用意和手法才成。对于文艺底鉴赏，亦复如是。

现在有些人还有那种批评的刚愎性，他们对于一种作品若不了解，或不合自己意见时，不说自己不懂，或说不符我见，便尔下一个强烈的否定。说这个不好，那个不妙。这等人物，鉴赏还够不上，自然不能有什么好批评。我对于鉴赏方面，很久就想发表些鄙见，现在因为讲起创作，就联到这问题上头。不过这里篇幅有限，不能容尽量陈说，只能将那常存在我心里底鉴赏四依提出些少便了。

佛家底四依是："依义不依语；依法不依人；依智不依识；依了义经不依不了义经。"鉴赏家底四依也和这个差不多。现时就在每依之下说一两句话——

（一）依义　对于一种作品，不管他是用什么方言，篇内有什么方言参杂在内，只要令人了解或感受作者所要标明底义谛，便可以过得去。鉴赏者不必指摘这句是土话，那句不雅驯，当知真理有时会从土话里表现出来。

（二）依法　须要明了主观——作者——方面底世界观和人生观，看他能够在艺术作品上充分地表现出来不能。他底思想在作品上是否有系统。至于个人感情需要暂时搁开，凡有褒贬不及人，不受感情转移。

（三）依智　凡有描写不外是人间的生活，而生活底一段一落，难保没有约莫相同之点，鉴赏者不能因其相像而遂说他是落了旧者窠臼底。约莫相同的事物很多，不过看创作者怎样把他们表现出来。譬如一件很平常的事情，在常人视若无足轻重，然而一到创作者眼里便能将自己底观念和那事情融化；经他一番地洗染，便成为新奇动听的创作。所以鉴赏创作，要依智慧，不要依赖一般识见。

（四）依了义　有时创作者底表现力过于超迈，或所记情节出乎鉴赏者经验之外，那么，鉴赏者须在细心推究之后才可以下批评。不然，就不妨自谦一点，说声，“不知所谓，不敢强解”。对于一种作品，若是自己还不大懂得，那所批评底，怎能有彻底的论断呢？

总之，批评是一种专门工夫，我也不大在行，不过随缘诉说几句罢了。有的人用批八股文或才子书底方法来批评创作，甚至毁誉于作者自身。若是了解鉴赏四依，哪会酿成许多笔墨官司！

（原刊于1921年7月10日《小说月报》第12卷第7号）

我对于《孔雀东南飞》底提议

我们对于倾动一时底女高师学生底创作《孔雀东南飞》必不能沉默着容他过去。因为这是我们第一次在本国的古事上留意，和平常所谓新剧不同。现时要排演古事剧本不容易，因为国家还没有完全的历史博物馆供我们参考，对于古人底日常生活很难考定。这是观剧者要原谅底。

女高师学生所演底《孔雀东南飞》编排底情节还好，不过扮焦母底，没有尽量地把诗中“阿母得闻之，槌床便大怒……”那般狠泼的性地形容出来，烘托不出刘氏底苦凄。这样，多少总会减些感人底力量。其余的脚色都表演得不劣；扮刘兄底更能把人情曲描出来，是很难得底。但我还盼望扮刘兄底能把当时社会底趋向表现出来，如人来求婚时，第一次被拒绝第二次便应许，那原故是因为太守和宦官有关系。这也可以使人感得当时宦官底权势。诗中特把“承籍有宦官”写出来也是这意思。

对于布景和服饰一层，我可有一点供献。我说过这样困难是免不了底。但我们自己用功考究一下，最少也可以博得“虽不中，不远矣”的安慰。要考究汉人底风尚本不甚难，我们只要察察日本人今日的起居，服御，就能得着我们古汉人日常生活底一二特点。

在这出戏里底布景本可以很简单，这里可以略述一二。我想场面可以不用椅子，因为汉朝，椅子还没有通行。管宁也是生于建安年间底，史载他割席拒华歆；又本诗所载底“蒲苇”也是那时编席子底主要材料；所以场面只要设席便够了。汉时常人家里虽没有椅子而榻和床是有底。床榻都是很矮，所分别底就是长狭底，我们察察《释名》便知道了。若嫌席太矮，不容易使阅者都看见，也不妨设榻。

汉人画壁，雕壁底风气很盛，但中人以下的家庭，也许只是垩墙，没有多少装饰。宅第底制度也和周秦差不多，我们可以参考《乡党图》和《井田图考》。我想现代北方底房子，厅和房中间底板墙每开一窗，那和“牖”底制度是差不多底。汉代底窗常以绛纱，青纱为帘，所以窗户只用很简单的布置便够了。那时候底灯有羊灯，鸭头灯，宜子孙灯，可以往古物陈列所参考一下。

至于服装一层，可以参考孝堂山画像，武梁祠石刻，鲁王墓石人（以上俱见《金石索》碑碣类），和近日出土底各种明器。将上面底材料来和《汉书·舆服志》对照一下，然后酌量装束起来总错不了多少。汉人底服装，若是在舞台上或观感上有不方便底地方，也不妨减去一二。如那时自天子以至庶人无有不佩剑底，若使仲卿佩剑上台，而剑无所用，那就可以不必佩了。又古时女人底面涂黄，白，绿，红数色，若扮刘氏底涂成这样底鬼脸，也可以不必。

我这篇不是要批评什么，只要提出上述几件事，因为我听大悲说，《孔雀东南飞》已送给《戏剧》杂志发表，那么就免不了有第二次排演。我很盼望再演时可以得一个较合宜的背景。去年在上海参观天马会底展览会，看见一幅《张敞画眉》，图中有洋桌巾，洋灯，铜熏炉，玻璃镜等项，一见就令人觉得不称。演古事剧也是如此，如果所布置底失掉历史的价值，不如不布更好。观剧者本不在布景，若我们不能确知古代事物底情状，也不妨改为今装。

我恐怕这篇多占篇幅使阅者生厌，所以不敢细说，盼望以后扮演底人，在古物上多留意一下再登台。

（原刊于1922年3月5日《晨报副镌》）

粤讴在文学上底地位

诗歌是表现感情底文字，所以他底语风越庸俗越能使大多数的人受感动。现在新诗底运动，守旧或固执的人皆期期以为不可，曾不想到这种运动不是近年才发作底。一说起诗，大家都推到唐朝。但唐朝底诗也不尽是贵族的或古典的。单说不避庸俗一节，自刘禹锡底《竹枝新词》写出来，不久就盛行通国，在诗史上也不能埋没他底位置。自诗底风格满有民众的色彩，也可以说是革盛唐以前诸体诗底命。竹枝词不能占很大的势力，不是因为他不能感动人，也不是不容易流行，乃是受科举制度底束缚。但这种体裁，一经发表，各处俚俗的诗歌有些就因此美化了。

我留到一所地方，必要打听那里底歌谣或民众的文学；在广东住得最久，对于那省底诗歌很有特别的兴趣，所以要把个人以为最好的那一种介绍出来。广东底民众诗歌底种类很多，如南音，龙舟歌，粤讴，山歌，等，都是很通行底。这些歌全用本地方言写成，各有他底特别性质；现在单要说底，就是粤讴。

没说粤讴以前，我先略略介绍粤讴底创作者。粤讴不是很古的骨董，是近百年来招子庸创作底。招子庸底生平无从稽考；

所知底，是他底别号叫明珊，在清道光年间曾做过山东青州府知府。他底第一本创作，冠名《粤讴》，在道光八年（一八二八）出版于广州西关澄天阁，内容共计一百二十余首。后来写这类韵文底人越多，《越讴》便成了一种公名；甚或将书内第一篇《解心事》来做招子庸所做那本底名字——叫《招子庸解心事》。

东方的创作者爱用外号，常不愿把自己底真名写出来，有时竟不署名；所以名作多而名作家底事迹少。若是现在到广州所各县走一走，我们必要理无论是谁，少有不会唱一二枝粤讴底。他们所唱底未知尽出于子庸手笔；但从实质看来，可以说这是他用本地方言把他底诗思表现出来底结果。

招子庸创作粤讴底动机在哪里呢？讲到这层，或者可以在书中找出一点他底行略。相传他要上北京会试底时候，在广州珠江上和一个妓女秋喜认识。彼此互相羡慕，大有白头偕老底思想。无奈子庸赶着要起程，意思要等会试以后才回来娶她。秋喜欠人些少钱债，在两三个月中间，从不曾向子庸提过；子庸一去，债主随来，她被迫不过，便跳入珠江溺死了。子庸回来，查知这事，就非常伤悼，于是作《吊秋喜》来表他底伤感。在粤讴里这是他底“处女作”。

招子庸是一个富于悲感底诗人，自从受了这场戟刺以后，对于青楼生活便起了无量悲心；所以《粤讴》里头什之八九是描写妓女底可怜生活底。描写恋爱底诗，文，小说，歌曲，等，大约有两种倾向：第一，是描写肉欲，或受性感束缚底；第二，是描写幽情，或显示同情感动底。子庸底《粤讴》是属于第二种；我们一读他底《弁言》就知道。他底《弁言》只有两句，是：

"《粤讴》笃挚，履道士愿，乐，欲闻。请以此一卷书，普度世间一切沉迷欲海者。"

粤讴底描写法，和东方各种诗歌差不多；都是借自然现象来动起等等人事的情感，并且多用象征的描写法。ㄎㄌㄧㄇㄣㄊㄧ（Cecil Clementi）于一九〇四年将《粤讴》译成英文；在他底译本底绪言中说过：东方的诗从没有像希拉诗所用底拟人法。拿恋爱这事来说，在西方便要把他描成一个有翼底孩子，执着弓箭向那色男色女底心发射；或描成一个顽皮女孩，御者，荡人，夺来的孩子，酒保，赌徒，等；但在中国，这种物质的拟人法是找不着底。中国的心思多是玄学，或理想的，所以诗人着力底地方，在象征化爱者，而不在爱的情感（love-sentiment）。从这一点看来，粤讴底性质属希伯来的（Hebraic）多，而属希拉的（Hellenic）少。我们将粤讴来和《雅歌》（《旧约》第二十二卷；许地山新译本见《生命》第二卷第四，五册。）比照一下，就知道二者所用象征很多相同底地方。

到这里，我们就要讨论一点粤讴底体裁了。在诗里，有兴体（或抒情体），赋体（或叙事体），散体（或散文体），等等分别，在歌里也是如此。粤讴底体裁多偏于兴体；他底章法是极其自由，极其流动底。平仄底限制，在粤讴里，可以说是没有。至于用韵一层，也不甚严格；通常以词韵为准，但俗语俗字有顺音底，也可以押上。押韵底方法多是一句平韵，一句仄韵；或两句平间一句仄；或两句仄间一句平。但这都不是一定的格式，只随人底喜欢而已。用典也不怕俗，凡众人知道底街谈巷语，或小说，传言都可以用。在每一首末了，常有感叹词"唉"，"罢略”，“呀”，或代名词呼格“君呀”，“郎呀”，等等字眼。有“唉”，“呀”底句通常在全篇中是最短的句；而最末了那句每为全篇中最长的句。这个特性，因为《粤讴》是要来唱底缘故；唱到“唉”，“呀”，“罢咯”等字句，就是给人一个曲终底暗示。唱粤讴俱用琵琶和着，但广东人精于琵琶底很少，所以各牌底调子都没有什么变化。

我把粤讴底大略说完，就要把招子庸所做那本里头几首我最喜欢底写在后头，使非广东人也享一点粤讴底滋味。

自招子庸以后，粤讴底作家很多；如缪莲仙底作品也是数一数二底。莲仙或与子庸同时，或晚他几年。他底生平也少有人知道，只知他是浙江人，游幕到广州底。他作粤讴，但在南音上更有特别的长处；如《客途秋恨》，传诵到现在还是不衰。

在广州或香港底日报上，时常也有好的粤讴发表出来，不过作者署名底方法太随便，有时竟不署名，所以我不知道现在的作家都是哪位。我盼望广东人能够把这种地方文学保存起来，发扬起来，使他能在文学上占更重要的位置。

（原刊于1922年3月《民铎杂志》第3卷第3号）

中国美术家底责任

美术家对于实际生活是最不负责任底。我在此地要讲美术家底责任，岂不是与将孔雀来拉汽车同一样的滑稽！但我要指出底“责任”，并非在美术家底生活以外，乃是在他们底生活以内底事情。

一个木匠，在工作之先，必须明白怎样使用他底工具，怎样搜集他底材料和所要制造底东西底意义，然后可以下手。美术家也是如此，他底制作必当含有方法，材料，目的，三样要素。艺术底目的每为美学家争执之点，但所争执底每每离乎事实而入于玄想。有许多人以为美的理想底表现便是艺术底目的，这话很可以说得过去，但所谓美的理想是因空间和时间底不同而变异底。空间不同，故“艺术无国界”底话不能尽确。时间不同，故美的观念不能固定。总而言之，即凡艺术多少总含着地方色彩和时代色彩，虽然艺术家未尝特地注意这两样而于不知不觉中大大影响到他底作品上头，是一种不可抹杀的事实。

我国艺术从广义说，向分为“技艺”与“手艺”二种。前者为医，卜，星，相，堪舆，绘画；后者为栽种，雕刻，泥作，木作，银匠，金工，铜匠，漆匠乃至皮匠石匠等等手工都是。这自然是最不科学的分法，可是所谓“手艺”，都可视为“应用艺术”，而技艺中底绘画即是纯粹艺术。

中国的纯粹艺术有绘画写字，和些少印文的镌刻。故“美术”这两个字未从日本介绍进来之前，我们名美术为金石书画。但纯粹艺术是包含歌舞等事底。故我们当以美术为广义的艺术，而艺术指绘画等而言。

我国艺术，近年来虽呈发达底景象，但从艺术底气魄一方面讲起来，依我底知识所及，不但不如唐五代底伟大，即宋元之靡丽亦有所不如。所谓“艺术底气魄”，就是指作品感人底能力和艺术家底表现力。这原故是因为今日的艺术家只用力于方法上头，而忽略了他们所住的空间和时间。这个毛病还可以说不要紧，更甚的是他们忘记我们祖宗教给他们底“笔法”。一国的艺术精神都常寓在笔法上头，艺术家都把它忽略了。故我们今日没有伟大的作品是不足怪底。

世间没有一幅画是无意义，是未曾寄写作者底思想底。留学于外国底艺术家运笔方法尽可以完全受别人的影响，但运思方法每不能自由采用外国的理想。何以故？因为各国人，都有各自的特别心识，各自的生活理想，各自的生活问题。艺术家运用他底思想时，断不能脱掉这三样底限制。这三样也就是形成“国性”和“国民性”底要点。今日的艺术思想好像渐趋一致，其原故有二：一因东西底交通频繁，在运笔底方法上，西洋画家受了东洋画家底教训不少；二因近数十年来，世界里没有一国真实享了康乐的幸福，人民底生活都呈恐慌和不安的状态，故无论那一国底作品，不是带着悲哀狂丧的色调，便是含着祈求超绝能力底愿望。可是从艺术家底内部生活看起来，他们所表现底“国性”或“国民性”仍然存在。如英国画家，仍以自然美底描写见长，盎格卢撒克逊人本是自然底崇拜者，故他们底画派是自然的写实的，“诚实的表现”便是他们底笔法，故英国画仍是很率直，不喜欢为抽象的或戏剧的描写。拉丁民族，比较地说，是情绪的。法国画在过去这半世纪中，人都以她底印象派为新艺术底冠冕，现在的人虽以它为陈腐，为艺术史上底陈迹，但从它流衍下来底许多派别多少还含着祖风。印象派诚然是拉丁新艺术底冠冕，故其所流衍下来底诸派不外是要尽量地将个人的情绪注入自然现象里头。反对自然主义是现代法国画派底特彩。因为拉丁的民族性使他们不以描写自然为尚，各人只依自己所了解底境地描写，即所谓自由主义和自表主义是。此外如条顿民族底注重象征主义，虽以近日德国画家致力于近代主义，而其象征的表现仍不能免。这都是因为各国底生活问题和理想不同所致。

艺术理想底传播比应用艺术难。我们容易乐用西洋各种的美术工艺品，而对于它底音乐跳舞和绘画底意义还不能说真会鉴赏。要鉴赏外国的音乐比外国的绘画难，因为音乐和语言一样，听不懂就没法子了解，绘画比较地容易领略，因为它是记在纸上或布上底拂扐姿势，用拂扐来表示情意是人类所共有，而且很一致，如“是”则点头，“否”则摇头，“去”则撒手，“来”则招手，等等，都是人人所能理会底。近代艺术正处在意见冲突底时代，因为东亚底艺术理想输入西欧，西欧底艺术方法输入东亚，两方完全不同的特点，彼此都看出来了。近日西洋画家受日本画底影响很大，但他们并不是像十几年前我们底画家所标题底“折衷画派”。这一点是我们应当注意底，他们对于东洋画底研究，在原则方面比较好奇心更大，故他们底作品在结构上或理想上虽间或采用东洋方法，而其表现仍带着很重的地方色彩和国性。

我国绘画底特质就是看画是诗的，是寄兴的。在画家底理想中每含着佛教和道家底宗教思想，和儒家底人生观。因为纯粹的印度思想不能尽与儒家融合，故中国的佛教艺术每以印度底神秘主义为里而以儒家底实际的人生主义为表。这一点，我们可以拿王摩诘，吴道子和李龙眠底作品出来审度一下，就可以看出来。“诗”是什么呢？就是实际生活与神秘感觉底融合底表现。这融合表现于语言上时，即是诗歌词赋；表现于声音上，即为音乐；表现在动作上，即为舞蹈戏剧；表现于色和线上即是绘画。所以我们叫绘画为“无声诗”，我们古代的画家感受印度思想，在作品底表面上似乎脱了神秘的色彩，而其思想所寄，总超乎现实之外。故中国画之理想，可以简单地说，即是表现自然世界与理想生活底混合。在山水画中，这样的事实最为显然。画家虽然用了某座名山，某条瀑布为材料，而在画片上尽可以有一峰一石从天外飞来。在画中底人间生活也是很理想的，看他底取材多属停车看枫，骑驴寻故，披蓑独钓，倚琴对酌，等等不慌不忙的生活。画家以此抒其情怀，以此写其感乐，故虽稍微入乎理想，仍不失为实际生活底表现。我国底绘画理想既属寄兴，故画家多是诗人，画片上可以题诗；故画与诗只有有声和无声底差别。我想这一点就是我们底理想中，“画工”和“画家”不同的地方。我希望今日的画家负责任去保存这一个特点。

今日的画家竞尚西洋画风，几乎完全抛弃我们固有的技能，是一种很可伤心的事。我不但不反对西洋画，并且要鼓励人了解西洋画底理想，因为这可以做我们底金镫。我国绘画底弊端，是偏重“法则”，或“家法”方面，专以仿拟摹临为尚，而忽略了个性表现，结果是使艺术落于传统底圈套，不能有所长进。我想只有西洋的艺术思想可以纠正这个方家或法家思想底毛病。不过囫囵的模仿西洋与完全固守家法各都走到极端，那是不成底。我们当复兴中国固有的画风，汉画与西洋画都是方法上底问题，只要作品，不论是用油用水，人家一见便认出是中国人写底那就可以了。

我觉得我国自古以来便缺乏历史画家。我在十几年前，三兄敦谷要到日本底时候便劝他致力于此。但后来我们感觉得有一个绝大的原因，使我们缺乏这等重要的画家，就是我们并没注意保存历史的名迹及古代的遗物。间或有之，前者不过为供“骚人”“游客”之流连，间或毁去重建，改其旧观，自北京底天宁寺，而武昌底黄鹤楼，而广州底双门，等等，等等，改观底改观，毁拆底毁拆，伤心事还有比这个更甚的么？至于古代彝器底搜集，多落于豪贵之户，未尝轻易示人，且所藏底范围也极狭隘，吉金，乐石，戈镞，帛布以外，罕有及于人生日用底品物，纵然有些也是真赝杂厕，难以辨识。于此，我们要知道考古学与历史画底关系非常密切，考古学识不足，即不能产生历史画家。不注意于保存古物古迹，甚至连美术家也不能制作。我曾说我们以画为无声诗，所以增加诗的情感，惟过去的陈迹为最有力。这点又是我们所当注意底。我们今日没有伟大的作品，是因为画家底情感受损底原故。试看雷峰一倒，此后画西湖底人底感情如何便知道了。他们绝以不描写哈同底别庄为有兴趣，故知古代建筑底保存和修筑是今日的美术家应负提倡及指导底责任，美术家当与考古家合作，然后对于历史事物底观念正确，然后可以免掉画汉朝人物着宋朝衣冠底谬误。于此我要声明我并非提倡过去主义（经典派或古典派），因为那与未来主义同犯了超乎时代一般的鉴赏能力之外。未来主义者以过去种种为不善不美，不属理想，然而，若没有过去，所谓美善底情绪及情操亦无从发展。人间生活是连续的。所谓过去已去，现在不住，未来未到，便是指明这连续的生活一向进前，无时休息底。因无休息，故所谓“现在”不能离过去与未来面独存。我们底生活依附在这傍不住的时间底铁环上，也只能记住过去底历程和观望未来底途径。艺术家底唯一能事便在驾御这时间底铁环使它能循那连续的轨道进前，故他底作品当融含历史的事实与玄妙的想象。由前之过去印象与后之未来感想，而造成他现在的作品。前者所以寄情，后者所以寓感，一个艺术家应当寄情于过去底事实，和寓感于未来底想象，于此，有人家要说，艺术是不顾利害，艺术家只为艺术而制作，不必求其用处。但“为艺术而艺术”底话，直与商人说，“我为经商而经商”，官吏说“我为做官而做官”同一样无意义，艺术家如不能使人间世与自然界融合，则他底作品必非艺术品。但他所寄寓的不但要在时间底铁环，并且顾及生活的轨道上头。艺术家底技能在他能以一笔一色指出人生底谬误或价值之所在，艺术虽不能使人抉择其行为底路向，但它能使人理会其行为底当与不当却很显然。这样看来，历史画自比静物画伟大得多。

末了，我很希望一般艺术家能于我们固有的各种技艺努力。我国自古号为衣冠文物之邦，而今我们底衣冠文物如何？讲起来伤心得很，新娘子非西式的白头纱不蒙，大老爷非法定的大礼帽不戴；小姐非钢琴不弹唱，非互搂不舞蹈，学生非英法菜不吃，非“文明杖”不扶！所谓自己的衣冠文物荡然无存。艺术家又应当注意到美术工艺底发展。我们底戏剧，音乐，建筑，衣服等等并不是完全坏，完全不美，完全不适用，只因一般工匠与艺术家隔绝了，他们底美感缺乏，才会走到今日底地步。故乐器底改造，衣服底更拟，等等关于日常生活底事物，我们当有相当的供献，总而言之，国献运动是今日中国艺术家应当励行底，要记得没有本国底事物，就不能表现国性；没有美的事物，美感亦无从表现。大家努力罢。

（原刊于1927年1月8日《晨报副镌》）

《孟加拉民间故事》译叙

戴伯诃利（Lal Behari Day）底《孟加拉民间故事》（*Folk-Tales of Bengal*）出版于一八八三年，是东印度民间故事底小集子。著名底自序中说他在一个小村里，每夜听村里最擅于说故事底女人讲故事。人家叫她做三菩底母亲。著者从小时便听了许多，可是多半都忘记了。这集子是因为他底朋友底请求而采集底。他从一个孟加拉女人得了不少，这集子的大部分就是从她所说底记下来。集中还有两段是从一个老婆罗门人听来底；三段是从一个理发匠听来底；两段是从著者底仆人听来底；还有几段是另一位婆罗门人为他讲底。著者听了不少别的故事，他以为都是同一故事底另样讲法，所以没有采集进来。这集子只有二十二段故事，据著者说，很可以代表孟加拉村中的老婆子历来对孩子们所讲底故事。

正统的孟加拉讲故事底村婆子，到讲完一段故事以后，必要念一段小歌。歌辞是：

我底故事说到这里算完了，

那提耶棘也枯萎了。

那提耶呵，你为什么枯萎呢？

你底牛为什么要我用草来喂它？

牛呵，你为什么要人喂？

你底牧者为什么不看护我？

牧者呵，你为什么不去看牛？

你底儿媳妇为什么不把米给我？

儿媳妇呵，你为什么不给米呢？

我底孩子为什么哭呢？

孩子呵，你为什么哭呢？

蚂蚁为什么要咬我呢？

蚂蚁呵，你为什么要咬人呢？

喀！喀！喀！

为什么每讲完一段必要念这一段，我们不知道，即如歌中辞句底关系和意义也很难解释。著者以为这也许是说故事底在说完之后，故意念出这一段无意义的言词，为底是使听底孩子们感到一点兴趣。

这译本是依一九一二年麦美伦公司底本子译底。我并没有逐字逐句直译，只把各故事底意思率直地写出来。至于原文底辞句，在译文中时有增减，因为翻译民间故事只求其内容明了就可以，不必如其余文章要逐字斟酌。我译述这二十二段故事底动机，一来是因为我对“民俗学”（folk-lore）底研究很有兴趣，每觉得中国有许多民间故事是从印度辗转流入底，多译些印度底故事，对于研究中国民俗学必定很有帮助；二来是因为今年春间芝子问我要小说看，我自己许久没有动笔了，时也写不了许多，不如就用两三个月底工夫译述一二十段故事来给她看，更能使她满足。

民俗学者对于民间故事认为重要的研究材料。凡未有文字，或有文字而不甚通行底民族，他们底理智的奋勉大体有四种从嘴里说出来的。这四种便是故事，歌谣，格言（谚语），和谜语。这些都是人类对于推理，记忆，想象等最早的奋勉，所以不能把它们忽略掉。

故事是从往代传说下来底。一件事情，经十个人说过，在古时候就可以变成一段故事，所以说“十口为古”。故事便是“古”，讲故事便是“讲古”。故事底体例，最普遍的便是起首必要说，“从前有……（什么什么）”，或“古时……（怎样怎样）”。如果把古事分起类来，大体可分为神话，传说，野乘三种。神话（myths）是“解释的故事”，就是说无论故事底内容多么离奇难信，说底和听底人对于它们都没有深切的信仰，不过用来说明宇宙，生死等等现象，人兽男女等等分别，礼义，风俗等等源流而已。传说（legends）是“叙述的故事”，它并不一定要解释一种事物底由来，只要叙述某种事物底经过。无论它底内容怎样，说底和听底对于它都信为实事，如关于一个民族底移殖，某城的建设，某战争底情形，都是属于这一类。它与神话还有显然不同之处，就是前者底主人多半不是人类，后者每为历史的人物。自然，传说中底历史的人物不必是真正历史，所说某时代有某人，也许在那时代并没有那人，或者那人底生时，远在所说时代底前后也可以附会上去。凡传说都是说明某个大人物或英雄曾经做过底事迹底，我们可以约略分它为两类，一类是英雄故事（hero-tales），一类是英雄行传（sagas）。英雄故事只说时代有一个英雄怎样出世，对于他或她所做的事业并无详细的记载。英雄行传就不然：它底内容是细述一个英雄的一生底事业和品性。那位英雄或者是一个历史上的人物，说底人将许多功绩和伟业加在他身上。学者虽然这样分，但英雄故事和英雄行传底分别到底是不甚明了的。术语上底"野乘"是用德文底Märchen〔它包括童话（nursery-tales），神仙故事（fairy-tales）及民间故事或野语（folk-tales）三种〕。它与英雄故事及英雄行传不同之处，第一点，它不像传说那么认真，故事底主人常是没有名字底，说者只说"从前有一个人……（怎样怎样）"或"往时有一个王……（如此如彼）"，对于那个人，那个王底名字可以不必提起；第二点，它是不记故事发生底时间与空间底；第三点，它底内容是有一定的格式和计划底，人一听了头一两段，几乎就可以知道结局是怎样底。传说中底故事，必有人名，时间，地点，并且没有一定的体例，事情到什么光景就说到什么光景。

从古代遗留下来底故事，学者分它们为认真说与游戏说二大类，神话和传说属于前一类，野语是属于后一类底。在下级文化底民族中，就不这样看，他们以神话和传说为神圣，为一族生活底历史源流，有时禁止说故事底人随意叙说。所以在他们当中，凡认真说的故事都是神圣的故事，甚至有时止在冠礼时长老为成年人述说，外人或常人是不容听见底。至于他们在打猎或耕作以后，在村中对妇孺说底故事只为娱乐，不必视为神圣，所以对神圣的故事而言，我们可以名它做庸俗的故事。

庸俗的故事，即是野语，在文化底各时期都可以产生出来，它虽然是为娱乐而说，可是那率直的内容很有历史的价值存在。我们从它可以看出一个时代底社会风尚，思想，和习惯。它是一段一段的人间社会史。研究民间故事底分布和类别，在社会人类学中是一门很重要的学问。因为那些故事底内容与体例不但是受过环境底陶冶，并且带着很浓厚的民族色彩。在各民族中，有些专会说解释的故事，有些专会说训诫或道德的故事，有些专会说神异的故事，彼此一经接触，便很容易互相传说，互相采用，用各族底环境和情形来修改那些外来的故事，使成为己有。民族间底接触不必尽采用彼此底风俗习惯，可是彼此的野乘很容易受同化。野乘常比神话和传说短，并且注重道德的教训，常寓一种训诫，所以这类故事常缩短为寓言（fables）。寓言常以兽类底品性抽象地说明人类底道德关系，其中每含有滑稽成分，使听者发噱。为方便起见，学者另分野乘为禽语（beast-tales），谐语（drolls），集语（cumulative tales），及喻言（apologues）四种。在禽语中底主人是会说人话底禽兽。这种故事多见于初期的文化民族中。在各民族底禽兽中，所选的主人禽兽各有不同，大抵是与当地当时底生活环境多有接触底动物。初人并没有觉得动物种类底不同，所以在故事中，象也可以同家鼠说话，公鸡可以请狐狸来做宾客，诸如此类，都可以看出他们底识别力还不很强。可是从另一方面说这种禽语很可以看出初民理智活动底表现方法。谐语是以诙谐为主底。故事底内容每以愚人为主人，述说他们底可笑行为。集语底内容和别的故事一样，不同的只在体例。它常在叙述一段故事将达到极盛点底时候，必要复述全段底故事一遍再往下说。喻言都是道德的故事，借譬喻来说明一条道理的，所以它与相言很相近。喻言与寓言有点不同。前者多注重道德的教训，后者多注重真理底发明。在低级文化底民族中常引这种喻言为法律上的事例，在法庭上可以引来判断案件。野乘底种类大体是如此，今为明了起见，特把前此所述底列出一个表来。

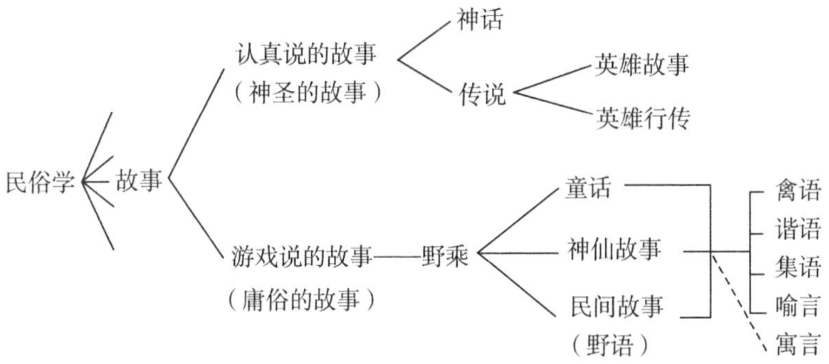

我们有了这个表，便知道这本书所载底故事是属于那一类底。禽语底例如《豺媒》，谐语如《二窃贼》，喻言如《三王子》，《阿芙蓉》等是。

孟加拉民间故事底体例，在这本书中也可以看出它们有禽语，谐语，集语，喻言四种成分，不过很不单纯，不容易类别出来。故事底主人多半是王，王子，和婆罗门人。从内容方面说，每是王，王子，或婆罗门入遇见罗刹或其他鬼灵，或在罗刹国把一个王女救出来，多半是因结婚关系而生种种悲欢离合底事。做坏事底人常要被活埋掉。在这二十二段故事中，除了《二窃贼》，及《阿芙蓉》以外，多半的结局是团圆的，美满的。

在这本故事里有许多段是讲罗刹底。罗刹与药叉或夜叉有点不同。夜叉（Yaksa）是一种半神底灵体，住在空中，不常伤害人畜。罗刹（Rākṣasa）男声作罗刹娑，女声作罗叉私（Rākṣasī）。

“罗刹”此言“暴恶”，“可畏”，“伤害者”，“能瞰鬼”等。佛教译家将这名字与夜叉相混，但在印度文学中这两种鬼怪底性质显有不同的地方。罗刹本是古代印度底土人，有些书籍载他们是，黑身，赤发，绿眼底种族。在印度亚利安人初入印度底时候，这种人盘据着南方底森林使北印度与达倸（Deccan）隔绝。他们是印度亚利安人底劲敌，所以在《吠陀》里说他们是地行鬼，是人类底仇家。《摩诃婆罗达》书中说他们底性质是凶恶的，他们底身体呈黄褐色，具有坚利的牙齿，常染血污。他们底头发是一团一团组起来底。他们底腿很长大，有五只脚。他们底指头都是向后长底。他们底咽喉作蓝色，腹部很大，声音凶恶，容易发怒，喜欢挂铃铛在身上。他们最注重的事情便是求食。平常他们所吃底东西是人家打过喷嚏不能再吃底食物，有虫或虫咬过底东西，人所遗下来底东西，和被眼泪渗染过底东西。他们一受胎，当天就可以生产。他们可以随意改变他们底形状。他们在早晨最有力量，在破晓及黄昏时最能施行他们底欺骗伎俩。

在民间故事中，罗刹常变形为人类及其他生物。他们底呼吸如风，身手可以伸长到十由旬（约八十英里，参看本书《骨原》）。他们从嗅觉知道一个地方有没有人类。平常的人不能杀他们，如果把他们底头砍掉，从脖子上立刻可以再长一个出来。他们底国土常是很丰裕的，地点常在海洋底对岸。这大概是因为锡兰岛往时也被看为罗刹所住的缘故。罗刹女也和罗刹男一样喜欢吃人。她常化成美丽的少女在路边迷惑人，有时占据城市强迫官民献人畜为她底食品。她们有时与人类结婚，生子和人一样。

在今日的印度人，信罗刹是住在树上底，如果人在夜间经过树下冲犯了他们就要得着呕吐及不消化底病。他们最贪食，常迷惑行人。如果人在吃东西底时候，灯火忽然灭了，这时底食物每为罗刹抢去，所以得赶快用手把吃底遮住。人如遇见他们，时常被他们吃掉，幸亏他们是很愚拙的，如尊称他们为“叔叔”，或“姑母”等，他们就很喜欢，现出亲切的行为，不加伤害。印度现在还有些人信恶性的回教徒死后会变罗刹。在孟加拉地方，这类底罗刹名叫“曼多”（Mämdo）大概是从亚拉伯语“曼督”（Mamdūh），意为“崇敬”，“超越”，而来。

这本故事常说到天马（Pakshiraj），依原文当译作“鸟王”。这种马是有翅膀能够在空中飞行底。它在地上走得非常快，一日之中可以跑几万里。

印度底民间故事常说到王和婆罗门人。但他们底“王”并不都是统治者，凡拥有土地底富户也可以被称为王或罗阇，所以《豺媒》里底织匠也可以因富有而称为王。王所领底地段只限于他所属所知道底，因此，印度古代许多王都不是真正的国王，“王”不过是一个徽号而已。

此外还有许多事实从野乘学底观点看来是很有趣味的。所以这书底译述多偏重于学术方面，至于译语底增减和文辞修饰只求达意，工拙在所不计。

许地山　十七年六月六日　海甸朗润园

赠与爱读故事底　芝子

（原刊于《孟加拉民间故事》，商务印书馆1929年11月版）

序《野鸽的话》

写文底时候，每觉得笔尖有鬼。有时胸中有千头万绪，写了好几天，还是写不出半个字来。有时脑里没一星半点意思，拿起笔来，却像乩在沙盘上乱画，千言万语，如瀑如潮，顷刻涌泻出来。有时明知写出来不合时宜，会挨讥受骂，笔还是不停地摇。有时明知写出来人会欢迎，手却颤动得厉害，一连在纸上杵成无数污点。总而言之，写文章多是不由自主，每超出爱写便写之上。真正的作家都是受那不得不写底鬼物所驱使。

我又觉得写文底目的若果专在希冀读者底鉴赏或叫绝底话，这种作品是绝对地受时间空间和思想所限制底。好作品不是商品，不必广告，也不必因为人欢迎便多用机器来制造。若不然，这样的作品一定也和机器货化学货一样，千篇一律。做好文章底作家底胸中除掉他自己底作品以外，别的都不存在，只有作品本身是重要的。读者不喜欢不要紧；挨讥刺也不要紧；挨骂更不要紧；卖不出去尤其不要紧。作者能依个人的理解与兴趣在作品上把精神集中于生活底一两个问题上也就够了。

现在中国文坛上发生了许多争论。其中最要的一点是所谓文学底“积极性”。我不懂这名词底真诠在什么地方。如果像朋友们告诉我说，作者无论写什么，都要旗帜鲜明。在今日的中国尤其是要描写被压迫底民众底痛苦，和他们因反抗而得最后的胜利。这样，写小说必得“就范”。一篇一篇写出来，都得像潘金莲做给武大卖底炊饼，两文一个，大小分量都是一样，甚至连饼上底芝麻都不许多出一粒！所谓积极性，归到根底，左不过是资本家压迫劳工，劳工抵抗，劳工得最后的胜利；或是地主欺负农民，农民暴动，放火烧了地主全家，因得分了所有的土地。若依定这样公式做出来，保管你看过三两篇以后，对于含有积极性底作品，篇篇都可以背得下来，甚至看头一句便知道末一句是什么。文章底趣味，到这步田地可算是完了。我并非反对人写这种文章。我承认它有它底效用。不过，若把文学底领域都归纳在这范畴里，我便以为有点说不下去。若是文坛的舆论以为非此不可底话，我便祈愿将现些所谓无积极性底作品都踢出文学以外，给它们什么坏的名目都可以。

人类底被压迫是普遍的现象。最大的压迫恐怕还是自然的势力，用佛教底话，是“生老病死”。农工受压迫的是事实，难道非农非工便都是吃人底母夜叉母大虫；难道压迫农工底财主战主没有从农工出身底；难道农工都是无用者？还有许多问题都是不能用公式来断定底。我不信凡最后的胜利都值得羡慕。我不信凡事都可以用争斗或反抗来解决。我不信人类在自然界里会有得到最后胜利底那一天。地会老，天会荒，人类也会碎成星云尘，随着太空里某个中心吸力无意识地绕转。所以我看见底处处都是悲剧；我所感底事事都是痛苦。可是我不呻吟，因为这是必然的现象。换一句话说，这就是命运。作者底功能，我想，便是启发读者这种悲感和苦感，使他们有所慰藉，有所趋避。如果所谓最后胜利是避不是克，是顺不是服，那么我也可以承认有这回事。所谓避与顺并不是消极的服从与躲避，乃是在不可抵挡的命运中求适应，像不能飞底蜘蛛为创造自己的生活，只能打打网一样。天赋的能力是这么有限，人，能做什么？打开裤裆捉捉虱子，个个都能办到；像阿特拉斯要扛着大地满处跑底事只能在虚空中出现罢。无论如何，愚公可以移山夸父不能追日，聪明人能做得到底，愚拙人也可以做得到。然而我只希望不要循环地做，要向上地做。我受了压迫，并不希望报复，再去压迫从前的压迫者。我只希望造成一个无压迫的环境，一切都均等地生活着。如果用这个来做文心，我便以为才是含有真正的积极性。

又，像我世代住在城市，耳目所染，都是城市生活和城市人底痛苦。我对于村庄生活和农民不能描写得很真切，因为我不很知道他们。我想，一个作者如果是真诚底话，一定不会放着他所熟悉底不写，反去写他所不知底。生活底多方面，也不能专举一两种人来描写，若说要做一个时髦的作家必得描写农工，那么我宁愿将我底作品放在路边有应公底龛里，让那班无主孤魂去读。

颖柔先生底文学生涯已过了十几年。虽然因他不常写，写也不为卖钱底原故，有一两篇在结构上似乎有点生涩或不投时尚，但他底文学率真，有趣，足能使人一读便不肯放手。从前的人们拿小说当安眠药，拿起书来，望床上一躺，不管看底是什么，是那一回，糊乱地读一阵，到打个呵欠，眼睛渐闭，书掉在地上，就算得着其中意味了。颖柔底作品却是兴奋剂。他描写底不出他底经验和环境，内容也不含有积极性，只为描写而描写，可是教人越读越精神。他每篇都寓着他个人的人生观，最可注意底是他不以一般已成的道德和信仰为全对。他觉得这当中有时甚至是虚伪，可憎，和危险。现在他把从前所写底小说和散文等集成一小册，名为《野鸽的话》。因为是老同学，对于他底文章又有同调底感触，所以不妨借题发挥，胡说一气。我想我这样解释颖柔底作品，他一定不会见怪。

（原刊于1935年4月《新文学》第1卷第1号）

怡情文学与养性文学

——序大华烈士编译《硬汉》小说集

文学底种类，依愚见，以为大体上可分为两种：一是怡情文学；二是养性文学。怡情文学是静止的，是在太平时代或在纷乱时代底超现实作品，文章底内容基于想象，美化了男女相悦或英雄事迹，乃至作者自己混进自然，忘掉他底形骸，只求自己欣赏，他人理解与否，在所不问。这样底作品多少含有唯我独尊底气概，作者可以当他底作品为没弦琴，为无孔笛。养性文学就不然，它是活动的，是对于人间种种的不平所发出底轰天雷，作者着实地把人性在受窘压底状态底下怎样挣扎底情形写出来，为底是教读者能把更坚定的性格培养出来。在这电气与煤油时代，人间生活已不像往古那么优游，人们不但要忙着寻求生活的资料，并且要时刻预防着生命被人有意和无意地掠夺。信义公理所维持底理想人生已陷入危险的境地，人们除掉回到穴居生活，再把坚甲披起，把锐牙露出以外，好像没有别的方法。处在这种时势底下，人们底精神的资粮当然不能再是行云流水，没弦琴，无孔笛。这些都教现代的机器与炮弹轰毁了。我们现时实在不是读怡情文学底时候，我们只能读那从这样时代产生出来底养性文学。

养性文学底种类也可以分出好几样，其中一样是带汗臭底，一样是带弹腥底。因为这类作品都是切实地描写群众，表现得很朴实，容易了解，所以也可以叫做群众文学。

前人为文以为当如弹没弦琴，要求弦外底妙音，当如吹无孔笛，来赏心中底奥义。这只能被少数人赏识，似乎不是群众养性底资粮。像大华烈士所集译底军事小说《硬汉》等篇，实是唤醒国民求生底法螺。作者从实际经验写来，非是徒托空言来向拥书城底缙绅先生献媚，或守宝库底富豪员外乞怜，乃是指导群众一条为生而奋斗而牺牲底道路。所以这种弹腥文学是爱国爱群底人们底资粮，不是富翁贵人底消遣品。富翁贵人说来也不会欣赏像《硬汉》这一类底作品，因为现代的国家好像与他们无关。没有国家，他们仍可以避到世外-桃源去弹没弦琴和吹无孔笛。但是一般的群众呢？国家若是没有了，他们便要立刻变成牛马，供人驱策。所以他们没有工夫去欣赏怡情文学，他们须要培养他们底真性，使他们具有坚如金刚底民族性，虽在任何情境底下，也不致有何等变动。但是群众文学家底任务，不是要将群众底卤莽言动激励起来，乃是指示他们人类高尚的言动应当怎样，虽然卤莽不文，也能表出天赋的性情。无论是农夫，或是工人，或是兵士，都可以读像《硬汉》这样底文艺。他们若是当篇中所记底便是他们同伴或他们自已底事情，那就是译者底功德了。

（原刊于1939年1月《大风》旬刊第25期）

老鸦咀

无论什么艺术作品，选材最难，许多人不明白写文章与绘画一样，擅于描写禽虫底不一定能画山水，擅于描写人物底不一定能写花卉，即如同在山水画底范围内，设色，取景，布局，要各有各底心胸才能显出各底长处，文章也是如此。有许多事情，在甲以为是描写底好材料，在乙便以为不足道，在甲以为能写得非常动情，在乙写来，只是淡淡无奇，这是作者性格所使然，是一个作家首应理会底。

穷苦的生活用颜色来描比用文字来写更难，近人许多兴到农村去画甚么饥荒，兵灾，看来总觉得他们底艺术手段不够，不能引起观者底同感，有些只顾在色底渲染，有些只顾在画面堆上种种触目惊心的形状，不是失于不美，便是失于过美。过美的，使人觉得那不过是一幅画，不美的便不能引超人底快感，那能成为艺术作品呢？所以“流民图”一类底作品只是宣传画底一种，不能算为纯正艺术作品。

近日上海几位以洋画名家而自诩为擅汉画的大画师，教授，每好作什么英雄独立图，醒狮图，骏马图。“雄鸡一声天下白”

之类，借重名流如蔡先生褚先生等，替他们吹嘘，展览会从亚洲开到欧洲，到处招摇，直失画家风格。我在展览会见过底马腿，都很像古时芝拉夫底鸡脚，都像鹤膝，光与体底描画每多错误，不晓得一般高明的鉴赏家何以单单称赏那些，他们画马，画鹰，画公鸡给军人看，借此鼓励鼓励他们，到也算是画家为国服务底一法，如果说“沙龙”底人都赞为得未曾有底东方画，那就失礼了。

当众挥毫不是很高尚的事，这是走江湖人底伎俩。要人信他底艺术高超，所以得在人前表演一下。打拳卖膏药底在人众围观底时节，所演底从第一代祖师以来都是那一套。我赴过许多“当众挥毫会”，深知某师必画鸟，某师必画鱼，某师必画鸦，样式不过三四，尺寸也不过五六，因为画熟了，几撇几点，一题，便成杰作，那样，要好画，真如煮沙欲其成饭了。古人雅集，兴到偶尔，就现成纸帛一两挥，本不为传，不为博人称赏，故只字点墨，都堪宝贵，今人当众大批制画，伧气满纸，其术或佳，其艺则渺。

画面题识，能免则免，因为字与画无论如何是两样东西。借几句文词来烘托画意，便见作者对于自己艺术未能信赖，要告诉人他画底都是什么。有些自大自满底画家还在纸上题些不相干的话，更是镵头。古代杰作，都无题识，甚至作者底名字都没有。有底也在画面上不相干的地方，如树边石罅，枝下，等处淡淡地写个名字，记个年月而已，今人用大字题名题诗词，记跋，用大图章，甚至题占画面十份之七八，我要问观者是来读书还是读画？有题记瘾底画家，不妨将纸分为两部分，一部作画，一部题字，界限分明，才可以保持画面底完整。

近人写文喜用“三部曲”为题，这也是洋八股。为什么一定要“三部”？作者或者也莫名其妙，像“憧憬”是什么意思，我问过许多作者，除了懂日本文底以外，多数不懂，只因人家用开，顺其大意，他们也跟着用起来，用三部曲为题底恐怕也是如此。

（原刊于1936年8月《红豆》月刊第4卷第6期）

一封公开的信

中国晚报主笔先生及张春风先生：

八月一日贵报登出《出卖肉麻》一文，讥评×××女士造像义展，眼光卓越，佩服之至。这篇“巨文”，我始终未读过，因为我曾签名赞成此事，所以一读张先生大文之后便希望原作者能够再向大众申明一下，可惜等了这许多天毫无动静，不得已得向二位先生说明几句。

我现在把签名底经过与我对于这事底意见叙述一番，如有不对之处，还求指教。

一个月前，在全国文艺界抗战协会留港会员开会底一个晚上，会员们约了些漫画家，音乐家，电影家来凑热闹，×××女士当晚也被邀到会唱歌，同时有一二位会员拿出一个卷子请在座诸君赞助×××女士造像义展会。据说是她要将自己底各种照片展览出卖，以所得款项献给国家，特要我做赞助人。我当时觉得义不容辞，便签了名，可没看见有“怀江山而及丽质，睹香草而思美人”那篇文章。若是见了当然也是不合我底脾胃，我必会建议修改的。

我很喜欢张先生指出传统的烂调，如江山，丽质，香草，美人一类的词句，是肉麻的。这个证明作者写不出所要办底事情底真意，反而引起许多恶劣的反感。但在作者未必是有意说肉麻的话，他或者只知道那是用来描写美人底最好成语。所以修词不得法，滥用典故成语，常会吃这样的亏。

不过我以为文章拙劣，当与所要办底事分开来看。张先生讥评那篇启文是可以的，至于斥造像义展为不然。我却有一点不同的意见。此地我要声明我并不是捧什么伶人，颂什么女优。此女士也是当晚才见过底，根本上不能说有什么交情，也没想要得着捧颂底便宜。我底意见与张先生不同之处，如下所述。

唱戏，演电影，像我们当教员当主笔底一样，也是正当的职业。我一向是信从职业平等底。我对于执任何事业底都相当地尊重他们。看优伶为贱民，为身家不清白，正是封建意识底表现。须知今日所谓身家不清白，所谓贱，乃是那班贪官污吏，棍徒赌鬼，而非倡优隶卒之流。如果一个伶人为国家民族愿意做他所能做底，我们便当赋同情于他。捧与颂只在人怎样看，并不是人人都存着这样的心。在张先生底大文里以为替伤兵缝棉衣，在国破家亡底时候，是每个男女国民所当负底责任，试问我国有多少男女真正负过这类或相等的责任？现在在中国底夫人小姐们不如倡优之处很多，想张先生也同我一样看得到。塘西歌姬底义唱，净利全数献给国家，某某妇女团体组织义演，入款万余元，食用报销掉好几千！某某文化团体七七卖花，至今账目吐不出来。这些事，想张先生也知道罢。我们不能轻看优伶，他们简单的情感，虽然附着多少虚荣心，却能干出值得人们注意底事。

一个演电影底女优，她底色是否与她底艺一样重要？（依我底标准，×××女士并不美。此地只是泛说。）若是我们承认这个前提，那么“色相”于她，当等于学识于我们，一样是职业上的一种重要的工具，能显出所期底作用底。假如我们义卖文章，使国家得到实益，当然不妨做做。同样地，申论下去，一个女优义卖她底照片，只要有人买，她得到干净的钱来献给国家，我们便不能说她与抗战和民族国家无关，更不能说会令人肉麻。如果我们还没看见她要展卖底都是什么，便断定是“肉麻”，那就是侮辱她底人格，也侮辱了她底职业。

×××女士底“造像”我一幅也没见过，据说是她底戏装和电影剧装居多。我想总不会有什么肉麻的裸体像。纵然会有，也未必能引青年去“看像手淫”。 张先生若是这样想，就未免太看不起近代的青年了。色欲重的人就是没有像××××××，对着任何人底像，甚至于神圣的观音菩萨，也可以手淫底。张先生你说对不对？她卖“造像”×××××××××，人们底亵行与可能的诱惑，与她所卖底照片并没关系。当知她卖自己底造像是手段，得钱献给国家是目的。假如一个女人或男人生得貌美而可以用本人底照片去换钱底话，只要有人要，未尝不可作为义展底理由。我们只能羡慕他或她得天独厚，多一道生利之门罢了。某人某人底造像卖给人做商标，卖给人做小囡模型，租给人做画稿，做雕刻模型，种种等等，在现代的国家里并没人看这些是肉麻或下贱无耻。

捧戏子，颂女优，如果意识是不干净的，当然是无聊文人底丑迹，但如彼优彼伶所期望办理的事是值得赞助底话，我们便当尊重他们，看他们和我们一样是有人格底，不能以其为优伶，便侮辱他们。我们当存君子之心，奠动小人之念，才不会失掉我们所批评底话底价值。我以为对于他人所要做底事情，如见其不可，批评是应该有的，不过要想到在这缺乏判断力底群众中间，措词不当，就很容易发生一犬吠影百犬吠声底事，于其他的事业，或者也会得到不良的影响。

谢谢二位先生费神读这封长信。我并不是为做启文底人辩护，只是对于以卖自己底照片为无耻的意思提出一点私见来。先生们若是高兴指教底话，我愿意就这事底本身，再作更详尽的客观的讨论。

许地山谨白。

（原刊于1939年8月18日香港《中国晚报》）

中国文字底命运

研究文字学底人都知道中国文字是文字史上仅存底表义文字。文字底第一步，除掉结绳与绘画以外，是象形字。中国文字已越过这时期，因为我们现在写“日”，已经不是日底圆形；“山”字，已经变了三个峰头为三条直线了。从象形字变为表义字是文字上很大的进步，理由是表义字表示抽象的意义比象形字容易得多，不过它还不是最方便的。

文字有形声义三个成分。最初的文字都是表形的，由形解义，造字底任务已经完成。但是，形无穷尽，纵然巧者可画，常人或不能尽解，于是象声象意底文字出现了。六书中象形最初出现，随着有指事。从实质上说，象形与指事没多大的分别。画物底全形为象形，画物底一端以见事为指事。前者如：“日、山、田、人、鸟、马、鱼、舟、衣”等字；后者有对文（上、下），反文（正、丑），独体（一、厶），合体（芻、八），增文（牟、足），省文（召、文），变文（勹、矢），分体（采、臼），假体（示、巫），复体（畺、蜀）十类，可以说复合的象形字。象形与指事再发展而有会意，这是比合象形与指事来显示意义，有合体与省体二类，如（社、周）为二合，（品、䨺）为三合，（牢，卤）为省体。这类字已离象形较远，但其迹象还可以追寻，所不同的只从结合底形理会出其中意义而已。由象形，指事，而到会意，形与义虽然进步，但声底功用还没显明，于是再进一步而生出形声字来。《汉书·艺文志》列象形，象事，象意，象声，指事，会意，形声，诸文也和象形一样是取象底。郑康成以形声为谐声，取义于以声譬形。许叔重取形声底名目，取义于以形譬声。所以谐声，形声，象声三名，所重仍在声音。在形声字中有声义两兼底名为“亦声”文字到以声为主才充足了它底功用。这个见解，自来学者很少体会，因为六书不分，自唐已然，后人只重解字，而略于说文，故一问某字应属六书何类，间或不能置答。这在实用上本来没多大的关系，因为文字底趋势在记口音，与象形时期只能表现物形大不相同了。喻昧庵先生师承王壬秋先生作《王氏六书存微》，其中有一段话讲得最合理。他说：“造字之初，始于画形。形不可象，则指以事。事不可见，则会以意。意不可通，则无义可说，而造字之法穷矣。于是古圣欲通事意之穷，乃取三者以为主文，而譬以声。至于声，则无不谐矣，初不必更取其义。是故有声无义者，六书之正也。”（卷六）有声无义，为六书之正，的是卓见。由此进而为转注，为假借，都是重在声义，形不过是寄托而已。依喻氏底分法，六书中最多的是谐声字，若合形声，依声算起来，《说文》中共有七千九百零四字，合意字占九百六十五；指事字占二百八十七；象形字占一百三十五；转注字占六十七；假借字只有十个；阙疑文七个；共九千三百五十三字。依此推到现在，可知形声在中国字上占了十分之八九。

文字底功用在记事，文化越高，超象的事越多，所以形穷于应付，而不得不用声音。可惜中国文字停顿在象声上，未进到用音标或字母底途程。此中最大的原因在历来视文字为圣人所作，它底本身是神圣的，写过字底纸帛都要敬惜，更不敢谈改革了。其次，中国文字是视觉型的，人一读起来，便认得那字所代表底意义，因为视觉与文字底关系比听觉较为直接，尤其是在多用单音底语言上，如，皮、脾、疲，发音一样，而在形状上一看就了然。中国字所以能维持这么久，这也是最重要的一个理由。又，拼音字用字母拼音，做成底是听觉型的字。因为文字底本质要以形显，形的变迁比较声音慢得多。由籀变篆，由篆变隶，变楷，变草，其中变迁底痕迹很容易追寻，它底认识标准是比较固定的。至于声音，每依口官各部底用舍而生变化。不但古今声音不同，同时代的方音也大不一致。不但方音不一致，一个人少时所发底音也和老时所发底不同，甲处人在乙处住得长久，也未必能够说出纯正的本土话。有时声音已经改变，而字形仍然不改。这在英文和法文里是常见的。如Philosophy现在读如Filosofi；Psychology现在读如Saikoloji；Knowledge现在读如Nollej；等等，不胜枚举，可知字形底保留也相当地重要。但是这现象是不当有的。依拼音文字底原则，凡是声音改变，拼法也得随着改变。所以未变底原故，还在人们没曾深究字学。

主张视觉型文字底人们以为拼音字随地随时改变，结果会令人数典忘祖，后人不能读先人之书。不错，不错，这种缺陷，不但在拼音字上发生，即如在表义字上，也是如此。平常的中国人有多少能读唐宋底文章呢，有多少能读汉魏六朝底文章呢，又有多少能读四书五经诸子百家呢？要知道读书，不只限于字形底变迁，寄寓在文字里头底概念也无时不在变迁中。今日的“之、也、焉、于、乎、哉”与各个字最初的意义大不相同，是谁都知道底。以今义解古书是最大的错误，而且很危险。研究文字学底人应以古义解古书为是。若有人解“东家杀豖”为“掌柜底宰猪”，那岂不是个大笑话？看来，形声之外，义也要顾到。“见形解义”不是那么容易的事，多数只能“望文生义”罢了。至于声音常随概念，不如形状与它那么容易分离。例如○形表示圆底概念，但此○或只表示一个圈，或是一颗球；□形表示四角底概念，此□或表示一个国家，或一座城，或一颗印章，但国界未必方，城未必方，印章也未必是方的，这方底概念也经和原来所画底□形分离了。声音虽然变迁得快些，但比较能维系于概念上。例如福建人叫“眼睛”为“目叫”，字形完全不同，从声音去寻求概念，仍有可能；广东人叫“票”为“徽”，“徽”底声音虽然稍变，概念仍未变更。“徽章”底“徽”与“戏徽”底“徽”，仍是“凭证”底意思。

在新知识未入中国以前，中国字是很够用，很足以自豪底。但在思想猛进，知识繁多底现代，表义字就有点应付不过来了。文字以孳乳而多底话固然不错，但汉字制作底原则是以偏旁表义底。这里我们有了困难。拿自然科学来说，属是草类，禾类，竹类，木类，瓜类，麦类，麻类，黍类等，都各依其类加个偏旁。但这些类别是不科学的，植物底分类不止这些，还有像“牡丹”，“玫瑰打，“十姊妹”之类，应入木部或草部，而字形上不许。推而及动物，矿物，都有物名与部类不相侔底缺点。又表示心思动作底字，用心部，手部，足部，走部等来做部首，以后抽象字越多，势必至于穷于应付，是无可疑的。总而言之，现在字典底部首不能包罗万有，减之固然不可，增之又不胜其烦，真是没有办法！

现代的知识范围比二三百年前宽广到几十倍，必令人人深究六书然后为学，则势有所不能。因此我们不能不原谅写白字或手头字底人。我们写作，从时间计算起来，是比拼音字慢得多。拼音字可以用机器来写，汉字虽也可以用打字机，但要用它来著作，恐怕没有希望罢。假如汉字打字机底速率与面积可以同拼音字机一样，我们便没要求更改汉字底必要。而事实上，我们对于各种知识都要急求，慢钝的文字，怎能满足我们底需要呢？

汉字底命运现在已走到一个不敷应用底时期。如许多的化学名辞，借“铍”名Glucinum，借“锑”名Stibium，借“铈”名Cerium，借“氦”名Helium，假借不足，继之以制作新字，或做成复合字。这样，必会做到一形含多义底地步，与六书底原则越离越远。我们现在所用底复合字，如“意识”，“心理”，“德律风”，“爱克斯光”等，有些是依字义选做底，但以后的趋势必会向着概念底标准来发展。譬如说“意识”时，还留着字义；但说“心理”时，已趋向到概念的方面了。至于“德律风”，“爱克斯光”，只是从声音了解概念，字形不过是字形罢了。新的概念越来越多，旧的文字有限，绝不能应付得过来。如果要在《说文解字》或其他字书里选做新字，同属有限的数目，那么，数千不如数百，数百就不如数十了。如能在汉字里选出数十个字

来做字母，像注音字母一样，将来也得走上拼音的途程，是无可疑的。（奉命删略）

固然我们舍不得抛弃了好几千年用惯了底东西，但是历来被我们和我们底祖先所抛弃底好文化遗产也有好些。文化大部分是寄在语言文字上底，只是要记得所寄底是由语言文字所发表底概念，而不是死的语言文字本身。若果教孔夫子复生，他一定不认得我们，因为我们穿底衣服不同了，住底房子不同了，说底话不同了，写底字也不同了！但是我们底文化核心还与孔子时代一样，是属有汉族的，中国的。所以从表义字进而为表音字，是不足怕底。

我们不能尽读古人底书，也不必尽读古人底书。若是古书中有值得保留底，自然在各个时代有人翻译出来，至于毫无价值底古书，多留一本，只多占一些空间而已。譬如《道藏》里许多荒谬的记载，如鬼神的名目，符箓之格式等等，留着也没有用处。只因它是古人思想与宗教底遗物，不得不整理，整理完毕，把它解释明白，后人如要知道符箓是怎么一会事，尽可不必去看原书了。所以整理古籍是继往开来底工作，不是文字底保留。如有研究高深的学者，要读原书，尽也可以去翻出对对。可是这样的工作，我们不希望个个认识中国字底人都照样去做。文化底进步在保留一个民族底优美遗产，而舍弃其糟粕。抱残守阙，是教文化停顿底重要原因。

总而言之，拼音文字是比较表义文字容易学习，在文盲遍野底中国，要救渡他们，汉字是来不及的。作者自己这一辈子也不见得会用拼音字。但为一般的人，不能不鼓励人去采用它。至于用拼音字以后，会使国语更不能统一的忧虑，也是不须有的。假如我们有共同的拼音方法，先从专名统一起，然后统一各种名词，那就容易多了。中国话是一种，所不同的是方音。方音底差别在用词底不同，如能统一用词，问题容易解决了。我们先要统一用词，换句话说是统一国语，才能统一国音。这一件事得等待知识底传播才办得到。所以我们不但要扫除文盲，并且要扫除愚暗。汉字在这两种工作上，依我们的经验，是有点担当不起。最后一句话，文字只是工具，在乎人怎样用它。如用来寄寓颓废的概念，就是汉字也得受咒诅。我们要灌输知识给民众，当以内容为重，区区字形上的变更，有什么妨害呢？

（原刊于1940年1月1日香港《大公报》）

拼音字和象形字的比较

许多年来，我们一向沿用着汉字，因为用惯了，对于它也就不感觉到有什么特殊困难的地方。但是，现世界文明的进步和科学的昌明，知识的范围比前宽广了几十倍，我们发现原有求知的工具——汉字——落后了，落后底最大原因，就是费时。

语言和文字都是表情达意底工具，有着密切的关系。古人传达思想底方法，只有在高地或隐蔽处呼喊，以表示“我在这里”或此地有什么等。一般禽兽在喜欢或惊愕时，必定发声告诉它底同伴。世界上许多低等动物，如蚁，鱼，龟……是不能发声底。唯有高等脊椎动物才能够发声，这些声就是语言底起源。所以语言底起始只是表示情感，如蛙在繁殖时常常发声表示它底情感。再进，则有表示意志底，如马被人强迫牵走底时候，每发出呻诉的声音。更进，就是用声音来传达心思。但这是不容易的事情，必须有完备的发声器官和能够精密的思想。有些家畜经过人们的训练，也能够发一些示心思底声，我们是可以看得到底。但一般动物就很少能够用声音来表示思想。

人类语言发展底原则和兽类相同，初时只有一些感叹词如呜呼，噫嘻这一类。学童初学作文底时候，总是好用这一类底感叹词，这就因为在他们简单的头脑中，最易触发他们要表示出来底就是这一类含有丰富情感的声。

物我底分辨，也是语言底要素，讲话全是一种抽象的概念，非必有些实物。譬如说花，则花有许多种。未必知是什么花，但对于花的概念是有底。

在初时，不能有许多名词就因为没有许多思想。

生理的关系，是语言底第一条件。口底器官，并不容易控制。动物的口大，脑小，颚长，唇阔，所以发声不便。原始动物不易控制其唇，常以颊腮的动作来表示情感，人类常有露齿作冷笑为鄙弃他人底表示，人种学家认为这是原始动物恶意底表情。

动物底声带张弛底管制不很灵活，因为它不怎样需有语言。人类因多需语言，所以口部底构造较为完备，声带底张弛也很自由。这也是生理对语言底影响。

语言的第二条件是社会性，生理的条件之外，就因为社会关系。

猩猩具有与人同样底器官，但何以不会说话？这因为它们社会关系少，表情简单。

人类所以能够说话，是因为他底祖先从哺乳动物栖到树上之后，又不满足而再走下地面来。人类就因为下树之后语言的需要增加起来，于是就在洞穴里陶冶他们的言语技能（这一个过程对于人类文明底意义是很重大的）。

最初的说话并非单靠以手指动作，故语言底起始是动作与声音底混合表示，所以谐音造成文字底要素，语言底初期，实在是谐音和象形同起底。

古人记事方法靠图画，文字有一个时期被称做助记时期。当时的人遇着事情就画些助记文字。从那些图文上可以得到事物底概念，但没有读音，或可以确定说出它所表示底意义。画人常常依着自己的意思来画，不一定画整个的图形。原始的助记文字虽较结绳进步，但只可称为半象形，现在美洲底红印度人中还有用它底。

过此时代，进而为象形，象形字以中国底比较好些。后来绘画者为节省空间时间起见，所绘之形，只取侧面底一部份，但求会意，所以当时的字，实际兼有象形和会意两个意义，以后更进为纯表义的。但这种象形字毕竟有限度，意义过多就无可表述。字底产生是因为需要而造的，又因为应用方便而改变。唐朝以前，人多造字，唐朝以后就很少人造字，现时所存的字，多为唐人所定，已经不是古代的字了。在宋朝，制作文字已被认为是皇帝底专权，人民不能随便制造，从此以后谁也不敢擅自制字了。

我国通用的字约五千左右，但字典上却多至四万以上。这里头有所谓字典字，在别的书中找不到，只有字典上存着这个字罢了。这种字以同意字为多，所成为字典字底道理，因时间空间底不同，当时各地底读音日渐转变，一时找不着原字，便造一个新的，因此方音关系底字遂多。在这一类的字中，大概取谐声造字，甲地用这个，乙地用那个，音虽然不同，意义却是一样。这就所谓同意字。我国文字复杂的原因除了同音字之外，还有许多受外国字影响底，像“菩萨”本文是Budhi-sattva应译作“菩提萨埵”，若照意义来译，则为“觉有情”；初时译者以为不合国情，就译它底声。现在许多人不叫“发动机”而叫“马达”也就是这个道理。

象形字的缺点是不能以有限的字形，记无限的意义。古人读书少，知识需求有限，故尚不感到字少的缺点和困难。近人因为不想将时间和精神全用在文字上，文字改革底要求因而发生。我们对于文字应用底理想，在能够于短时间中可以写所欲写底文章。外国人能够知识高超，就因为所用底文字容易写，容易用，我们要求改良文字底理由就在这里。

我们现在需求的知识太多，绝不能仍用古代落后的工具，我们只可研究古人，却不能做成古人。科学是进步的，我想像将来人们可以不必用文字，而用一种留声片和符号造成会说出话来底书。我们对于旧有不易学的文字，一则暂留它以了解事物，二则因为祖先借着它遗留下许多知识给我们，所以我们底感情上就不想去掉它。但这种心理，可以说只是情感的而非理智的。

有社会眼光者，必知人类文化是由黑暗进入光明（怎样去分辨人类落伍和进步，主要的在于他们所用求知工具的难易）。我国文化非不进步，但太迟慢，我们因而不满足，想追上外国人，外国人比较我们进步底时间不过二百年左右，何以会相差这许多呢？这全在他们底表意工具底改良。

譬如活字印刷术，本来是我国发明底，但外国人在短时间内把它推行到各地方去，而且大大进步，这可以做落后底殷鉴。若更不改良，则人家愈前进，我们愈落后，相距更远。

西人底精神，物产等等会影响我们底生活。我们对于文化的向前，并非只因经济和社会问题，工具也是一大原因。因为有简易的工具，才能便于表情达意。文字可以影响语言，语言可以影响思想，思想可以影响习惯，对于表情达意底文字，如不求合理的解决，则一切都走不通。现在颇有人用外国文字而放弃本国文字底，他们都因本国文字的困难，而宁用外国字。因此，我们与其学别人的，倒不如把自己的改良。

拼音字和表义字底比较，常是争辩底中心。拥护表义字者总说“字是用来读，不是用来听底”。一个字不论那一处底人读它，音虽不同，但都可以明白它底意义，这是表义字的优点。

我以为字有两种，视觉型的和听觉型的，表义字属于视觉型，拼音字则属于听觉型的。读书者有近于视觉型或听觉型的，有许多人须读然后明，小孩也必经读然后明，故称为读书不叫看书，能看而懂底则他底程度便高了，一个对于外国拼音字和汉字有同样程度底人，看拼音字是不会比表义字慢或不了解。再说表义字底形也是从象形字变底，这个原因和书写工具底应用有关，汉字由籀变篆，由篆变隶，变楷，变革都和所用来书写字工具，刀，漆，笔，丝绸，纸，有连带关系，多因趋向利便而改变。近来学生们好写所谓“美术字”，墨水笔是一个最大原因。所以说，工具变迁，字形也随而变迁。

“拼音字占地位”这也是反对拼音字者底说法，他们以为新文字是白话体的，比较简洁的汉字多占许多地位。这种说法是不对的。因为这是语法底关系，不是文字本身的问题。古人底说话底简单和祭神有关系。祭司在祷告或占卜时底话，意存作弊，特将言语变简，使它有弹性以为伸缩地步，话说错了还可以辩正。古文字由占卜进而为诗歌，仍属简单，不足以尽量地表情达意，已是离开了文字底作用。所以说文字以简单为美则可，以简单为上，为正轨，则不可。

字音是常变的，拼音字因音变而形亦变，汉字则不变，但汉字形虽同，读音却无从统一。拼音训练底目的，在加紧读音统一底要求，使听觉统一而入于视觉统一，因音底改变比较视觉为快。拼音字虽人与人之音不同和易变，但因为我们所表示底意义并非给那些和我们大有差别底人而是当地的，现时的。拼音字将可逐步修正而免除表义文字底缺点，不管字形变到怎样，只要求所表示底是现代人所懂底，这才是真正的语文一致。

四声问题，常被反对中国字拉丁化者作为攻击底资料，他们说拉丁化中国字无四声，意义每有含混，这个见解，总是受了汉字底影响，而忽略了拼音字底形式。一般语文学家对汉字最大的错误是认汉字为一字一音，一音一义底文字，反对拼音字者陷入同样错觉。他们不理会到中国字有许多是复音的，复音字更比拼音字为现代人所采用，这是一种进步。拼音字底组织形式以表示一个概念底词为单位，词底分辨能够完善，就是没有四声也无多大影响，更何况拼音字以纪录活底口语为原则，有整句底意义相关，事实上是不成问题底。所以我们可以说，同音字只是语言上，修辞上的关系，并不是拼音本身的缺点。

最后，我们应当知道表义文字问题的严重，在这知识范围宽广的现时代里面，我们要跟上世界底进步，如果仍然使用那钝慢的旧文字是不行的。所以我们对于文字改革问题，不得不把它看得这样严重。除了对于三万万文盲需要救济之外，为子孙的文化着想，更属不可忽略的严重问题！

（原刊于《国粹与国学》，商务印书馆1947年6月版）

蔡孑民先生底著述

认识蔡先生底人们都知道他底学问渊博，人格健全，但总没机会看见一部蔡先生自订底《文存》或《学术论著》之类。

蔡先生到底没写过什么伟大与不朽的论文，可是这个不能说他没有学问。学问在学者身上每显出两种功用：第一是知其所学，终身用它来应世接物；第二是明其所知，努力把它传递给后人。越是有学问底人越能应用他所学底到自己身上。“读圣贤书，所学何事？”正是学者对于学问底第一种功用所发底反问。一个谨于修身，勤于诲人，忠于事国底学者，倒不必有什么可以藏诸名山底著作，更没工夫去做那一般士大夫认为隽美的短订文章。他底人格便是他底著作，他底教诲便是他底著作。试看见蔡先生长北京大学以后，在他指导之下近二十年来，全国有多少在各门各类中见地超越与知识深邃的学者与那最高学府没有关系？蔡先生为他底友生们设计，给他们各人有阐明所学而深究所知底机会，这功绩当比自己在各种学问上做些铅椠佣所做底肤浅的文字较为伟大。

蔡先生参加革命运动底时候，个人生活，在经济方面，是非常困难的。那时候，他一面办报，一面译书。因为要避免当时执政者底注意，他曾用“蔡振”底名字来做笔名。译书也不过为糊口计，不尽是传播学问。不过他没有做那比较容易销售底翻译“欧美名家小说”底事业。他早已认定最高的学问在哲学，知识底强敌是迷信，感情与意志所寄托底在美育，于是从事于哲学教科书底编译。《哲学大纲》是取材于德国厉希脱尔底哲学导言，泡尔生与冯德二氏底《哲学入门》，和其它参考书编成的。《哲学纲要》是取材于德国文得而班底《哲学入门》编成的。泡尔生《伦理学原理》是据日本蟹江义丸底译本转译底。他又译了日本井上圆了底《妖怪学讲义》，但只有第一卷，其它五卷可惜未译出来。这是一部破除迷信底大著，希望以后有人费些工夫继续译成它。在著作方面可以提出底是《石头记索隐》《教授法原理》《中国伦理学史》《美育实施的方法》及《华工学校讲义》。他底译著多数在商务印书馆出版，因为他底笔墨生涯很早就寄托在那印书馆底编译所里。此外零篇文字除在新潮社编底《蔡孑民先生言行录》收集以外，二十年来所写底还没有集成，但我们在那本二十年前底集录已经可以看出蔡先生底思想底轮廓。

这里要特别提出来底是附在《言行录》里的《华工学校讲义》。那是为留法底华工写底。那书底内容是《德育讲义》三十篇，《智育讲义》十篇。我们把书中各篇细读一遍，就觉得作者早已理会灌输德育智育等知识给那没多少机会受完全教育底劳力同胞是救护民族底重要工作。士大夫对于学问所缺底不在知而在行；农工们所急需底只在知，没有智识就容易瞎作胡为，假使能够给他们充分的知识，国家民族底进步当然会加倍地快。我们常感觉得长篇大论，对于劳动的群众是不相宜的，他们不但不能用专心去读一本上万字底书，并且也没工夫去念，所以需要一种几分钟可以读完底简明的小册子。在《华工学校讲义》里，蔡先生所选底题材都非常切用，如合众，合己为群，公众卫生，爱护公物，尽力于公益，勿畏强而侮弱，戒失信，戒狎侮，理信与迷信，自由与放纵，热心与野心，互助与依赖，爱情与淫欲，有恒与保守等，都是做成健全公民所需知道底，这书好像没有编完，因为关于智育底只有十篇，而且很不完全。

蔡先生是提倡以美育代宗教的，这是他对于信仰底态度。从他底言论看来，他是主张理性的，他信人间当有永久的和平，与真正的康乐。要达到这目的，不能全靠知，还要依赖对于真理底信仰。能知能行，不必有什么高尚的理想，要信其所知底真理与原则，必能引人类达到至善诚心尽力地去实现它，才是真知实行，所以知与行，还不难，信理才是最难的事，蔡先生是个高超的理想家，同时又是个坦白的实践家，他底学问只这一点，便可以使景仰他底人们，终生应用，世间没有比这样更伟大更恒久的学问。

（原刊于1940年《东方杂志》第37卷第8期）

论“反新式风花雪月”

“新式风花雪月”是我最近听见底新名词。依杨刚先生底见解是说：在“我”字统率下所写底抒情散文，充满了怀乡病底叹息和悲哀，文章底内容不外是故乡底种种，与爸爸，妈妈，爱人，姐姐等。最后是把情绪寄在行云流水和清风明月上头。杨先生要反对这类新型的作品，以为这些都是太空洞，太不着边际，充其量只是风花雪月式的自我娱乐，所以统名之为“新式风花雪月”。这名辞如何讲法可由杨先生自己去说，此地不妨拿文艺里底怀乡，个人抒情，堆砌词藻，无病呻吟等，来讨论一下。

我先要承认我不是文学家，也不是批评家，只把自己率直的见解来说几句外行话，说得不对，还求大家指教。

我以为文艺是讲情感而不是讲办法底。讲办法底是科学，是技术。所以整匹文艺底锦只是从一丝一丝底叹息，怀念，呐喊，愤恨，讥讽等等，组织出来。经验不丰的作者要告诉人他自己的感情与见解，当然要从自己讲起，从故乡出发。故乡也不是一个人底故乡，假如作者真正爱它，他必会不由自主地把它描写出来。作者如能激动读者，使他们想方法怎样去保存那对于故乡底爱，那就算尽了他底任务。杨先生怕底是作者害了乡思病，这固然是应有底远虑。但我要请她放心，因为乡思病也和相思病一样地不容易发作。一说起爱情就害起相思病底男女，那一定是疯人院里底住客。同样地，一说起故乡，什么都是好的，什么都是可恋可爱的，恐怕世间也少有这样的人。他也会不喜欢那只扒满蝇蚋底癞狗，或是隔邻二婶子爱说人闲话底那张嘴，或是住在别处底地主派来收利息底管家罢。在故乡里，他所喜欢底人物有时也会述说尽底。到了说净尽底时候，如果他还要从事于文艺底时候，就不能不去找新的描写对象，他也许会永远不再提起“故乡”，不再提起妈妈姊姊了。不会作文章和没有人生经验底人，他们底世界自然只是自己家里底一厅一室那么狭窄，能够描写故乡底柳丝蝉儿和飞灾横祸底，他们底眼光已是看见了一个稍微大一点的世界了。看来，问题还是在怎样了解故乡底柳丝，蝉儿等等，不一定是值得费工夫去描写，爸爸，妈妈，爱人，姊姊底遭遇也不一定是比别人底遭遇更可叹息，更可悲伤。无病的呻吟固然不对，有病的呻吟也是一样地不应当。永不呻吟底才是最有勇气底。但这不是指着那些麻木没有痛苦感觉底喘气傀儡，因为在他们底头脑里找不出一颗活动的细胞，他们也不会咬着牙龈为弥补境遇上的缺陷而勠力地向前工作。永不呻吟底当是极能忍耐最擅于视察事态底人。他们底笔尖所吐底绝不会和嚼饭来哺人一样恶心，乃如春蚕所吐底锦绣底原料。若是如此，那做成这种原料底柳丝，蝉儿，爸爸，妈妈等，就应当让作者消化在他们底笔尖上头。

其次，关于感情底真伪问题。我以为一个人对于某事有真经验，他对于那事当然会有真感情。未经过战场生活底人，你如要他写炮火是怎样厉害，死伤是何等痛苦，他凭着想象来写，虽然不能写得过真，也许会写得毕肖。这样描写虽没有真经验，却不能说完全没有真感情。所谓文艺本是用描写底手段来引人去理解他们所未经历过底事物，只要读者对作品起了共鸣作用，作者底感情底真伪是不必深究底。实在地说，在文艺上只能论感情底浓淡，不能论感情底真伪，因为伪感情根本就够不上写文艺。感情发表得不得当也可以说虚伪，所以不必是对于风花雪月，就是对于灵、光、铁、血，也可以变做虚伪的呐喊。人对于人事底感情每不如对于自然底感情浓厚，因为后者是比较固定比较恒久的。当他说爱某人某事时，他未必是真爱，他未必敢用发誓来保证他能爱到底。可是他一说爱月亮，因为这爱是片面的，永远是片面的，对方永不会与他有何等空间上，时间上，人事上的冲突，因而他底感情也不容易变化或消失。无情的月对着有情的人，月也会变做有情的了。所忌底是他并不爱月亮，偏要说月亮是多么可爱，而没能把月亮底所以可爱底理由说出来，使读者可以在最低限度上佩服他，撒底谎不圆，就会令人起不快的感想，随着也觉得作者底感情是虚伪的。读书，工作，体验，思索，只可以培养作者的感情；却不一定使他写成充满真情底文章，这里头还有人格修养底条件。从前的文人每多“无行”。所以写出来底纵然是真，也不能动人。至于叙述某生和狐狸精底这样那样，善读文艺底人读过之后，忘却底云自然会把它遮盖了底。

其三，关于作风问题。作风是作者在文心上所走底路和他底表现方法。文艺底进行顺序是从神坛走到人间底饭桌上底。最原始的文艺是祭司巫祝们写给神看或念给神听；后来是君王所豢养底文士写来给英雄，统治者，或闲人欣赏；最后才是人写给人看。作风每跟着理想中各等级底读者转变方向。青年作家底作品所以会落在“风花雪月”底型范里底原故，我想是由于他们所用底表现工具——文字与章法——还是给有闲阶级所用底那一套，无怪他们要堆砌词藻，铺排些在常人饭碗里和饭桌上用不着底材料。他们所写底只希望给生活和经验与他们相同底人们看，而那些人所认识底也只是些中看不中用的词藻。“到民间去”，“上前线去”，只要带一张嘴，一双手，就够了，现在还谈不到带文房四宝。所以要改变作风，须先把话说明白了，把话底内容与涵义使人了解才能够达到目的。会说明白话底人自然擅于认识现实，而具有开条新路让人走底可能力量。话说得不明白才会用到堆砌词藻底方法，使人在五里雾中看神仙，越模糊越秘密。这还是士大夫意识底遗留，是应当摒除底。

（原刊于1940年11月14日香港《大公报·文艺》第968期）

中国文字底将来

一　中国文字不进步底原因

我们底读书人每每自夸说中国底文字是世界上最古的一种文字。不错，它是最古，却是最不进步的。现在用从象形文改变而成底文字，只有中国字一种，其它用底都是拼音字。拼音字是最进步的文字。而中国还是墨守着旧的写法，一点也没有进化。这个，我想有下列底几个原因。

一，文字被看为极神圣　文字底发明在原始民族中，都视为很神秘的。因为它能在不言不语中显示所要表示底意义。在中国底传说里，当苍颉发明文字底时候，也惊动了鬼神，使鬼夜里哭过。这是表示文字有很大的威力，凡有文字底地方，邪神野鬼都要惊避底。这观念发展为道家底符咒。许多迷信者到现在还信天师符可以驱邪治病，就是由于这种原始的迷信而来底。敬惜字纸视为善举之一，对于有文字底纸帛等物，切不可轻易亵渎，不然，神圣就会责罚底。尤其是读书人，所有字纸必得恭恭敬敬地送到惜字炉去焚化。纸灰也不能任它随处飞扬，必得送到清水河里，教它能流进大海去。考察人间谁是敬惜字纸与谁不是底，是文昌帝君底一分职务，为他发觉某人不敬惜字纸，或者教他今生不能得着功名，进身之路，或者罚他来生变个瞎子。敬惜字纸成为一种宗教行为，它底根本心理是认定文字是神圣，进一步便觉得会写字底人也是神圣了。

二，识字是士大夫　因为识字或会写字底人也被看为神圣，为高尚，无形中造成一种士大夫底阶级意识。如果一个人读了几年书，认得一千几百字，他就会有“我是读书人”底感觉。读书人底肩膀是不屑挑东西底，双手是拿过笔，再也不能做粗重的手艺，指甲要留得长长的。所谓鄙贱的事他是不能再做了。在商店里任职底伙计，虽会写几个字，却是被看为读不成书底。所谓士大夫，实际上只是多识些字和会写一半篇或通或不通的文章，这样他便能武断乡曲，交官结吏了。他靠文字捞得威权，当然不敢批评文字本身底缺点，也想不到它会有什么缺点，乃至不敢想它可以被修改到较利便的地步。这样，弄到读书人不当文字是传达意思底一种工具，却当它是一种捞取威权底法宝。法宝是不能轻易更换底。

三，书法是艺术　许多人宣说书法是中国艺术底特别部门。其实真正的书家在历史上是可以屈指数出来底。我不承认写字有真正的艺术价值，若说有底话，记账，掘土，种菜等等事工，也可以当做艺术看了，饮食，起居，无一不是艺术了。为什么呢？文字底根本作用是表达意思，形相上的布置不过是书写材料，为纸帛，刀笔，墨汁等等关系，只要技术纯熟，写出来，教人认得它是什么，它底目的就达到了。凡是艺术，必至有创作性，文字自古有定形，原不能说是创作。所变底是一代所用的材料规定了一代的字体，漆笔时代，绝不能写出隶书真书，只能写篆文，毫笔时代也不能写出现代的“美术字”。现代青年多用钢笔铅笔，要他们写真楷更是不容易了。

又，一般求人“墨宝”底多是与写字底人讲交情，并不是因为他们，对于文字有特别的赏鉴心。许多人只喜欢名人字，和贵人字，尤是上款有自己底名号底。字既名贵，拥有底也跟着“名贵”起来了。写扇面，题书物，上者是钦佩写字底人，下者无非是“借重”，社交艺术乘君子自己，于字写得好坏，本来没有什么关系。说起来，书法是由道教徒写龙章风篆发展起来底。古来有名的书家可以说多少与道教有关系，王右军一家，被认为书法底大师，而这一家人正是信道极笃地。六朝底道士如陶弘景，杨义，傅霄诸人都是书家。唐朝底颜真卿，顾况等，也是道教徒，唐朝又多一层关系，宋朝朱弁底《曲洧旧闻》（卷九）说，“唐以身，言，书，判，设科，故一时之士无不习书，犹有晋宋余风，今间有唐人‘遗迹’虽非知名之人，亦往往有可观。本朝此科废，书遂无用于世，非性自好之者不习，故工者益少，亦势使之然也。”宋朝废书科，朱弁因而感觉到会写字底人少，然则从宋以后，当然会越来越少了。明清底书家也是屈指可数底，清中叶以后，因为金石文字发现得很多，写字底人喜欢摹临，一变从前临帖底风气而为临碑。虽然脱离了“馆阁气”，却还跑不出摹拟古字底圈套。不知道北朝底碑文多是汉化胡人或胡化汉人底笔法，书体和章法本不甚讲究，在当时还不过是平常的刻文，本没有什么艺术底理想，南朝人讲究写字，被认为书法底正宗，但真配得上称为“艺术字”到底也不多。书法艺术可以说是未曾建立到有强固基础底地步，反而使练字底人们堕落临摹底窠臼。

对于以上三点，我们可以认为中国文字所以不进步底重要原因。看文字为神圣，是迷信底遗留，那不容别人批评中国文字底缺点，也是抱着卫道底精神，以为中国文字一被废弃，中国文化也就跟着丧失了。这可说是不需要的顾虑。文字不过是形像上的符号，换符号，不必是改变文化，也不必是改变语言。从事实上说，现在的中国字已不是周秦底篆文，更不是殷朝底甲骨文，所以形象上的改变是不相干的。现在的士大夫，许多不主张用拼音字，因为他们怕拼音字一流行，汉文便会丢失，中国文化也随着会丢失了。这过虑是不须要，也是不诚实的。假如要保持中国文化，须要以保存中国字为手段底话，那么我们应当先要禁止官僚，教授们说那些半中半日，三成国语七成英语底语言。因为文字是根据语言写出来底。我们不能防止语言底转变，一样地不能禁止文字底改易。一般阔人吃大菜，住洋房，说洋话，写洋文，用外洋家具，他们不以为是毁灭中国文化，却要反对用字母拼成底中国文字，这若不是“敬惜字纸”底迷信思想底表现，便是他们底主张不诚实。这种不诚实底根底在他们底“士大夫阶级意识”。他们怕中国人都识字，拼音容易学，不须很长时间。汉字非学上十几年，不能用得流利，这非有余力余时不能办得到。“读书人”要保持他们底尊严，所以感觉到难用的汉字不可废。新文字学会除要介绍通行的字母拼成底文字，因为我们纵然目前不能不用汉文，也应为后代子孙开条方便底路。但士大夫所想着中国文字不但不能废，甚且要积极提倡书法，书法本是有闲者底消遣，假如用它来替代赌博，吸烟等等，我倒不反对，假如行将就木底人，轻事毋须他做，重事他做不了，用写字来消磨他底时间，我也不反对。假如驱使一般有为的青年，费很多宝贵的时间去练字，我总觉得是太冤枉，而且是一种罪恶。

中国文字，因为书写底不方便，与专凭记忆，所以文句上受了许多修削，结果弄成一种所谓“文章”底文字。会做文章就是擅于把文句里作者以为可删的字眼节省掉，使读者一读就感觉到作者文笔底简洁与玄奥。简洁与玄奥未尝不可为，但简到使人误会，玄到使人不了解，纵然写得好文章，于文化有什么裨益呢？辞不达意，起初是文字底原因，写惯了，成为一种体格便影响到思想上头。中国底思想不清晰，中国文字应负起大部分的责任。所谓“读书不求甚解”，便是使思想不能上进底根源。弄到为学非为致知格物，只为作文吟诗，有用的精力，费在未必能够成就的文艺上，这是何等可惜，何等可恨的事！

二　中国文字所受不进步底影响

因为中国文字进化到表义底一个阶段便停止，在大体上说来就影响到思想底不清晰，但从文字本身说，也有几点可以提出来底。

一，字与文字　中国读书人可以说是识字底多，识文字底少。字是从原始的形态与单纯的意识写出来，文字是用复合的形，与声表示一个概念，它不一定是单字拼音，也许会连合五六个音才能表示出来。在旧字典里找不出文字，所收底只是字，多过一音底字，便被表为“辞”，不知道“辞”是不能靠单音或复音来判断底。拼音字或者是辞，如“牛”当作“牛马”底“牛”解，是字，当做一个人底性格粗蛮解，说“他是一只牛”

底“牛”是辞。又如说“牛马”，分说是牛和马，是字，合说是含有奴隶式的服役底意思，如是“他为子孙做牛马”。如“蜻蜓”，“冯夷”，“吝啬”是字，说真一点是文字，不是辞，因为这些只表示一个单纯的概念。因为从前的学者不分别字与文字，所以写字，或读文底时候，每每弄不清楚，甚至把意义解错了。

二，文与文章　中国人读书是为做文章，对于“文”底法则好像不大注意。

★　　★　　★　　★

这是地山先生去世后一个多月，从他的故纸堆里找出来的一篇未完的文稿。他是为新文学学会成立两周年的纪念刊写的。在七月的下旬孙源向他催稿时，他说已经写好了一半的，便是这一篇文字。墨痕犹新，而人遽已作古！

在《国粹与国学》一文里，地山先生写着：“我们到现在用底还不是拼音文字，难学难记难速写，想用它来表达思想，非用上几十年底工夫不可。”这里“几十年”无疑地是“十几年”的笔误，但也可能地是排印时的错误。然而曾有批评这篇文字的人，根据这一点来指摘以为与事实不符。我早就想为作者辩正，但现在倒不需要了。在这一篇未写完的稿子里，他先写着（用毛笔）：“汉字非学上七八年不能用得流利”，后来又用钢笔把“七八”两字涂去，改上“十几”二字。这虽是个小点，但因为关系学术研究，所以附带说一句。

一九四一年九月十五日陈君葆跋

（原刊于《国粹与国学》，商务印书馆1947年6月版）